EL CAMINO DEL SAMURAI

Técnicas de Liderazgo Ancestral para el Éxito Empresarial

CONSULTORIA IA

Copyright © 2024 CONSULTORIA IA

All rights reserved

The characters and events portrayed in this book are fictitious. Any similarity to real persons, living or dead, is coincidental and not intended by the author.

No part of this book may be reproduced, or stored in a retrieval system, or transmitted in any form or by any means, electronic, mechanical, photocopying, recording, or otherwise, without express written permission of the publisher.

Cover design by: Art Painter
Library of Congress Control Number: 2018675309
Printed in the United States of America

A NUESTRA FAMILIA

CONTENIDOS

Titulo

Derechos de autor

Dedicatoria

Breve Reseña

Que hace a este libro único y distinto

Audiencia Objetivo

Prefacio

Capítulo 1: El Guerrero Interior: Forjando el Carácter del Líder

Capítulo 2: La Espada del Liderazgo: Tomar Decisiones con Claridad y Valentía

Capítulo 3: La Lealtad Inquebrantable: Construyendo Equipos Sólidos y Leales

Capítulo 4: El Honor en los Negocios: Ética y Responsabilidad en el Éxito Empresarial

Capítulo 5: Resiliencia Samurai: Superando Adversidades y Manteniendo el Enfoque

Apéndices

BREVE RESEÑA

El Camino del Samurai: Técnicas de Liderazgo Ancestral para el Éxito Empresarial es una obra que fusiona los principios filosóficos y estratégicos del código samurái con las exigencias del liderazgo moderno en el mundo empresarial. Basado en el *Bushido*, el código de honor que regía la vida de los guerreros samurái, el libro explora cómo valores como la disciplina, el honor, la lealtad, la perseverancia y el coraje pueden aplicarse a la toma de decisiones empresariales y al manejo de equipos. A través de una mezcla de lecciones históricas y ejemplos prácticos, este libro ofrece a los lectores una guía para desarrollar un liderazgo ético, resiliente y visionario, orientado hacia el éxito sostenible.

QUE HACE A ESTE LIBRO ÚNICO Y DISTINTO

Lo que hace a El Camino del Samurai: Técnicas de Liderazgo Ancestral para el Éxito Empresarial único y distinto es su enfoque innovador al fusionar dos mundos aparentemente distantes: la filosofía milenaria de los samuráis y el liderazgo empresarial contemporáneo. En lugar de ser un libro más sobre gestión o negocios, ofrece una perspectiva profunda basada en principios atemporales como el Bushido, que trascienden las modas corporativas y se centran en valores universales como el honor, la autodisciplina y la lealtad.

Además, destaca por:

1. Enfoque Filosófico y Práctico: No es solo un libro de teoría; traduce conceptos filosóficos orientales en estrategias aplicables al entorno empresarial actual, brindando herramientas concretas para mejorar el liderazgo y la toma de decisiones.

2. Equilibrio entre lo Personal y lo Profesional: Va más allá de la empresa, mostrando cómo las cualidades de un verdadero líder no solo transforman el entorno de trabajo, sino también la vida personal y el crecimiento individual.

3. Inspiración de Guerreros Históricos: Al traer las enseñanzas de los samuráis a la vida moderna, presenta ejemplos históricos reales y los conecta con desafíos empresariales, inspirando a los lectores a adoptar una mentalidad guerrera en la búsqueda del éxito.

4. Enfoque Ético en los Negocios: En un mundo donde muchas veces el éxito empresarial se asocia con competencia agresiva, este libro promueve una visión ética, equilibrada y centrada en los valores, algo poco común en la literatura empresarial.

Este enfoque interdisciplinario y su arraigo en valores ancestrales hacen que el libro resuene con profundidad en líderes que buscan no solo el éxito, sino también el sentido en lo que hacen.

AUDIENCIA OBJETIVO

La audiencia objetivo de El Camino del Samurai: Técnicas de Liderazgo Ancestral para el Éxito Empresarial abarca varios grupos que buscan mejorar su liderazgo y enfoque estratégico, tanto en su vida profesional como personal. Entre estos grupos se destacan:

1. Líderes Empresariales y Ejecutivos: Directores, gerentes y líderes que buscan desarrollar un estilo de liderazgo más ético, resiliente y basado en valores profundos. Este libro les proporcionará una perspectiva distinta, más allá de las estrategias de gestión tradicionales.

2. Emprendedores: Aquellos que desean construir y dirigir sus negocios con una mentalidad estratégica y una visión a largo plazo, aprendiendo a tomar decisiones basadas en principios sólidos y no solo en resultados inmediatos.

3. Profesionales en Desarrollo de Liderazgo: Personas que están en busca de mejorar sus habilidades de liderazgo y gestión personal, y que están abiertas a adoptar principios filosóficos de culturas diferentes, como el Bushido, para lograr un éxito más balanceado.

4. Estudiantes de Administración y Negocios: Jóvenes interesados en nuevas formas de pensar el liderazgo y la gestión, quienes deseen explorar enfoques no convencionales y basados en valores para construir su carrera profesional.

5. Coaches y Consultores de Liderazgo: Profesionales que buscan herramientas y enfoques únicos para ayudar a sus clientes a mejorar su liderazgo. El enfoque samurái puede ser una fuente de inspiración en su práctica.

6. Personas interesadas en Filosofía Oriental: Aquellos fascinados por la cultura japonesa, el código samurái y la filosofía oriental, que buscan aplicar estos conocimientos de manera práctica en su vida cotidiana o en el mundo de los negocios.

El libro atraerá a cualquier persona que busque una aproximación al liderazgo y al éxito basada en principios éticos y espirituales, y que aspire a equilibrar el éxito profesional con el crecimiento personal y el bienestar a largo plazo.

PREFACIO

En el mundo empresarial moderno, donde la rapidez y la competencia feroz dominan el panorama, parece que hemos olvidado algo esencial: el equilibrio entre el éxito y el sentido de propósito. A lo largo de los siglos, el liderazgo ha sido definido y redefinido por innumerables teorías y enfoques, pero pocos han perdurado en el tiempo como los principios del Bushido, el código de honor de los samuráis. En la antigua Japón, los samuráis no solo eran guerreros; eran guías morales, símbolos de disciplina y dedicación a un ideal superior. En este libro, mi objetivo es desenterrar esas enseñanzas atemporales y adaptarlas al mundo actual, donde los desafíos no son batallas físicas, sino decisiones estratégicas, relaciones humanas y la búsqueda de un liderazgo auténtico.

He sido testigo, tanto en mis años como empresario como en mi camino de crecimiento personal, de cómo los líderes más exitosos no solo se definen por su capacidad para alcanzar metas, sino por su integridad, autocontrol y sabiduría. El liderazgo empresarial, cuando se basa en principios sólidos y una ética clara, no solo transforma compañías, sino también las vidas de quienes están a su alrededor.

A lo largo de este libro, exploraremos los valores fundamentales del samurái: el honor, la valentía, la lealtad, la justicia, el respeto, la honestidad y la compasión. Estas cualidades, lejos de ser ideales abstractos, son herramientas que los líderes del mundo moderno pueden usar para navegar por las aguas turbulentas del entorno empresarial. No son reglas rígidas, sino una brújula moral que nos ayuda a tomar decisiones más conscientes, sostenibles y humanas.

El Camino del Samurai no es un simple manual de liderazgo, sino una invitación a reflexionar sobre cómo podemos alcanzar el éxito sin perder de vista lo que realmente importa. Es un recordatorio de que el verdadero liderazgo no es solo sobre dirigir a otros, sino sobre liderarnos a nosotros mismos. Y es también una exploración de cómo la sabiduría ancestral puede proporcionarnos la claridad y el equilibrio que tanto necesitamos en la era de la velocidad y la desconexión.

Espero que al adentrarte en estas páginas, encuentres una nueva perspectiva que no solo te inspire a liderar con más efectividad, sino con mayor conciencia. Después de todo, el éxito empresarial es un camino, y como los antiguos samuráis, debemos recorrerlo con honor, propósito y determinación.

Bienvenido al camino del samurái.

CONSULTORIA IA

CAPÍTULO 1: EL GUERRERO INTERIOR: FORJANDO EL CARÁCTER DEL LÍDER

"El carácter de un hombre es su destino."

— Heráclito

"La disciplina es el alma de un ejército. Hace que un número pequeño sea formidable; procura el éxito a los débiles, y el respeto a todos."

— George Washington

"El guerrero exitoso es el hombre común con un enfoque como un rayo láser."

— Bruce Lee

El Guerrero Interior

El liderazgo no es una habilidad que se aprende únicamente en libros de gestión o en programas académicos. Es una búsqueda personal que exige disciplina, introspección y, sobre todo, un profundo compromiso con uno mismo. El verdadero líder debe forjarse desde dentro, como un guerrero que se prepara no solo para enfrentarse a los desafíos externos, sino también a las batallas más arduas que se libran en el interior: aquellas contra las propias debilidades, los miedos y las tentaciones. El líder, como el samurái, se fortalece cuando entrena su carácter y moldea su voluntad, sabiendo que es en el interior donde se determina su éxito exterior.

El concepto de "El Guerrero Interior" resuena en todas las tradiciones guerreras del mundo, pero es en la figura del samurái japonés donde se encuentra una de las expresiones más puras y atemporales de esta idea. Los samuráis no solo eran hábiles en el combate, sino que también dedicaban su vida a cultivar el Bushido (武士道), el "Camino del Guerrero", un código ético y moral que guiaba cada aspecto de su vida. Los samuráis comprendían que un guerrero no se define solo por su capacidad para vencer en el campo de batalla, sino por su autodominio, su rectitud y su firmeza de propósito. Estas mismas cualidades son las que todo líder empresarial moderno debe buscar cultivar.

El Bushido: Un Código para la Vida y el Liderazgo

El Bushido no es simplemente un conjunto de reglas; es un camino, una filosofía de vida que tiene como objetivo la perfección del ser. Está compuesto por siete principios clave que, cuando se integran en el liderazgo, permiten a cualquier persona sobresalir y guiar con integridad y valentía. Cada principio del Bushido nos brinda una lección vital sobre cómo forjar el carácter del líder. Al igual que el samurái se comprometía a vivir según estos principios, el líder de hoy debe adoptarlos para guiarse en su camino hacia el éxito.

Las palabras de los antiguos samuráis son un recordatorio de que la verdadera fortaleza proviene de la mente y el espíritu. En japonés, estas cualidades son conocidas como "心技体" (Shin Gi Tai), que significa "Mente, Técnica y Cuerpo". Solo cuando estas tres áreas están en equilibrio, el líder se convierte en un verdadero guerrero del liderazgo. Aquí, exploraremos los siete principios clave del Bushido y cómo pueden aplicarse al mundo empresarial para formar líderes excepcionales.

1. Gi (義) – Rectitud y Justicia

"Ser honrado en tus tratos con todas las personas. Creer en la justicia, no en la de los demás, sino en la propia. Para el verdadero samurái no existen los matices grises en cuestiones de honestidad y justicia. Solo existe lo correcto y lo incorrecto."

La rectitud es el núcleo del carácter del guerrero. Un líder que sigue este principio tiene un sentido claro de lo que está bien y lo que está mal, y se guía por ese sentido de justicia sin vacilar. La rectitud no es una simple moralidad superficial; es una brújula interna que dirige todas las decisiones, tanto grandes como pequeñas.

En el contexto empresarial, la rectitud significa tomar decisiones éticas, incluso cuando estas no sean las más fáciles o rentables en el corto plazo. Un líder que actúa con integridad crea una cultura organizacional basada en la confianza y el respeto. Cuando los empleados ven que su líder es justo y honrado, se sienten más seguros y motivados para seguir sus pasos. La justicia en los negocios implica mantener la transparencia, ser fiel a la palabra dada y actuar con equidad, independientemente de las circunstancias.

2. Yu (勇) – Valor y Coraje Heroico

"Levantar la voz por lo que es justo, incluso cuando uno está solo."

— Proverbio samurái

El valor no es la ausencia de miedo, sino la capacidad de actuar a pesar de él. Un samurái no teme a la muerte, y del mismo modo, un líder no debe temer al fracaso. Este tipo de valor no es impulsivo ni temerario, sino que está basado en la confianza en uno mismo y en el propósito. Es el coraje de tomar decisiones difíciles y de enfrentar la adversidad con serenidad.

En el mundo empresarial, los líderes enfrentan constantemente situaciones en las que se requiere valor: desde lanzar un nuevo producto al mercado, hasta tomar decisiones drásticas durante tiempos de crisis. Un líder debe estar dispuesto a correr riesgos calculados, defender sus convicciones y, en ocasiones, navegar en contra de la corriente. El coraje heroico en los negocios también se manifiesta en la disposición a innovar y a desafiar el status quo. Solo aquellos que tienen el coraje de enfrentar la incertidumbre pueden abrir nuevos caminos hacia el éxito.

3. Jin (仁) – Compasión y Benevolencia

"Los samuráis son hombres fuertes. Pero también deben tener una gran compasión. Si no, no son más que bestias. El verdadero poder reside en usar la fuerza para proteger y cuidar a los demás."

La compasión es un principio que a menudo se asocia con la debilidad, pero en el código del Bushido, es una manifestación de la verdadera fuerza. Un líder compasivo comprende las necesidades de sus seguidores y actúa en consecuencia para mejorar sus vidas y bienestar. La compasión se muestra en la forma en que tratamos a los demás, especialmente a aquellos que dependen de nosotros.

En el ámbito empresarial, un líder compasivo es aquel que se preocupa genuinamente por el bienestar de sus empleados, clientes y comunidad. Este tipo de liderazgo crea un ambiente de trabajo positivo y motivador. La compasión también se traduce en responsabilidad social corporativa, donde las empresas no solo buscan maximizar beneficios, sino también generar un impacto positivo en la sociedad. Líderes que practican la benevolencia inspiran lealtad y respeto genuino de sus equipos, y al hacerlo, fomentan una cultura de apoyo y solidaridad.

4. Rei (礼) – Respeto y Cortesía

"El respeto no es solo un signo de debilidad, sino un reflejo del verdadero poder interior."

— Dicho japonés

El respeto es un principio fundamental del Bushido. No solo se trata de mostrar cortesía en las formas externas, sino de cultivar una actitud de profundo respeto hacia todas las personas, independientemente de su posición o poder. Un samurái muestra respeto no solo a sus superiores, sino también a sus iguales y, sobre todo, a sus oponentes.

Para un líder empresarial, el respeto se traduce en la forma en que se trata a los demás dentro y fuera de la organización. Un líder respetuoso no menosprecia las opiniones de sus colaboradores, sino que las valora y considera, independientemente de la jerarquía. La cortesía es esencial para crear un ambiente laboral armónico donde todas las voces son escuchadas y apreciadas. Además, el respeto hacia los competidores y el mercado en general fomenta una competencia sana y ética.

5. Makoto (誠) – Honestidad y Sinceridad Absoluta

"La palabra de un samurái es su honor. Una vez dada, es más valiosa que cualquier contrato escrito."

Para el samurái, no existe distinción entre palabra y acción. Lo que dice es lo que hará. Esta integridad absoluta es una de las virtudes más difíciles de encontrar en los líderes empresariales, pero es esencial para generar confianza. La honestidad en el liderazgo significa ser transparente en las intenciones y cumplir con las promesas hechas, sin importar lo difícil que sea.

En los negocios, la sinceridad se manifiesta en la comunicación abierta y directa. Un líder honesto no oculta la verdad a sus empleados o clientes, ni manipula los hechos para beneficio propio. La sinceridad crea una base sólida de confianza que puede resistir cualquier desafío. En el entorno empresarial actual, donde la confianza es el activo más valioso, los líderes que practican la sinceridad absoluta logran relaciones más duraderas y exitosas.

6. Meiyo (名誉) – Honor

"El honor es la recompensa de aquellos que viven de acuerdo a sus principios."

— Proverbio samurái

El honor es el reconocimiento del carácter de una persona. Un samurái siempre actúa de manera que su nombre y su familia sean honrados. El honor es el resultado de una vida vivida con integridad, valor y respeto por los demás. Para el samurái, perder el honor era peor que la muerte.

En el liderazgo empresarial, el honor se refleja en la reputación de una persona y de su organización. Un líder honorable mantiene la coherencia entre sus palabras y acciones, y siempre actúa de manera que eleve su empresa y sus colaboradores. En tiempos de crisis, es cuando el verdadero carácter del líder se pone a prueba, y es su sentido del honor lo que guiará sus decisiones para mantener la integridad de su legado.

7. Chūgi (忠義) – Lealtad_"

La lealtad es el alma de todo guerrero, porque sin ella, el corazón se dispersa."_

— Dicho japonés

La lealtad es el último, pero no menos importante principio del Bushido. Para el samurái, la lealtad a su señor, a su familia y a sus compañeros era absoluta. Este principio trasciende la mera obediencia; se trata de un compromiso inquebrantable con una causa mayor que uno mismo.

En el mundo empresarial, la lealtad se manifiesta en la dedicación del líder hacia su equipo, sus clientes y su misión. Un líder leal es aquel que respalda a sus colaboradores en los momentos difíciles y que no se desvía de los valores fundamentales de la empresa, incluso ante la tentación de atajos fáciles. La lealtad también fomenta la reciprocidad: cuando un líder es leal a su equipo, el equipo le responderá con igual lealtad y compromiso.

El Camino del Líder: Forjando el Carácter con el Bushido

Forjar el carácter de un líder es un proceso continuo de autodescubrimiento y disciplina. Así como el samurái se entrena diariamente para perfeccionar sus habilidades y su mente, el líder empresarial debe cultivar constantemente su carácter interior, desarrollando un equilibrio entre fuerza, compasión, honor y coraje. Estos principios del Bushido no son solo antiguas reliquias del pasado, sino guías prácticas y poderosas para aquellos que buscan liderar con integridad y éxito.

En la vida empresarial, no siempre se trata de alcanzar la cima a toda costa, sino de hacerlo de una manera que inspire a otros, que genere un impacto positivo duradero y que permita al líder sentirse orgulloso de su recorrido. El verdadero éxito no se mide solo por los resultados financieros, sino por la fortaleza del carácter forjado a lo largo del camino.

El "Guerrero Interior" no es una idea abstracta; es una realidad accesible para todos los que estén dispuestos a caminar el Camino del Líder con determinación y coraje. Siguiendo los principios del Bushido, cualquier líder puede convertirse en un verdadero guerrero en el mundo empresarial, guiado por una brújula ética inquebrantable y una visión clara de su misión.

Autodisciplina: La Base del Liderazgo Efectivo

El liderazgo efectivo comienza con una premisa fundamental que muchos a menudo subestiman: antes de liderar a otros, primero debemos liderarnos a nosotros mismos. Esto implica tener la capacidad de gobernar nuestras propias emociones, comportamientos y decisiones para luego guiar con integridad y convicción a quienes dependen de nosotros. En este proceso, la autodisciplina emerge como la base esencial sobre la cual se construye todo liderazgo verdadero. Sin autodisciplina, el líder es incapaz de mantenerse firme frente a la adversidad, de cumplir sus promesas o de servir como un ejemplo digno de seguir. La autodisciplina, en esencia, es la habilidad de hacer lo que se debe hacer, incluso cuando es incómodo o difícil, y es este hábito el que diferencia a los grandes líderes de los meramente competentes.

La autodisciplina no es una cualidad innata con la que algunas personas nacen y otras no. Es una habilidad que se cultiva, se refuerza con la práctica y se afianza con el tiempo. Implica una voluntad férrea para seguir adelante, incluso cuando el camino es arduo o el panorama incierto. Los grandes líderes entienden que la autodisciplina no es una restricción, sino una forma de liberación: es a través del autocontrol que se puede lograr un mayor control sobre las circunstancias externas. A lo largo de la historia, los ejemplos de autodisciplina como el fundamento de un liderazgo sólido han sido evidentes en líderes políticos, empresariales, militares y espirituales. Pero, ¿cómo se traduce esta cualidad en el liderazgo del día a día, en el mundo empresarial actual?

Autodisciplina: El Acto de Forjarse a Sí Mismo

Tomemos el ejemplo de Nelson Mandela, uno de los líderes más icónicos del siglo XX. Pasó 27 años en prisión por su lucha contra el apartheid en Sudáfrica, un período que habría quebrado el espíritu de muchos. Sin embargo, Mandela utilizó su tiempo en la cárcel no para alimentar el odio o la desesperanza, sino para forjar su carácter y su autodisciplina. Lejos de verse a sí mismo como una víctima, se enfocó en cómo podría liderar un movimiento hacia la reconciliación y la justicia. Mandela era consciente de que, antes de poder liderar a una nación dividida, debía dominar sus propias emociones de resentimiento y frustración. La autodisciplina le permitió mantener su foco en un objetivo más grande, resistiendo las tentaciones inmediatas de la venganza o la desesperanza.

En el ámbito empresarial, la autodisciplina es igualmente crucial. Consideremos el caso de Jeff Bezos, el fundador de Amazon. Desde los primeros días de su empresa, Bezos demostró una disciplina casi obsesiva en su enfoque hacia el cliente y en la toma de decisiones a largo plazo. Mientras muchas otras empresas se centraban en obtener ganancias inmediatas, Bezos optó por reinvertir consistentemente en su infraestructura, ampliando sus capacidades logísticas y tecnológicas. Este enfoque disciplinado no fue fácil ni popular al principio, pero con el tiempo le permitió a Amazon dominar el mercado. La autodisciplina de Bezos se manifestó en su capacidad para ignorar las presiones externas y mantenerse firme en su visión a largo plazo.

La autodisciplina es el acto constante de dirigir nuestras acciones hacia nuestros objetivos más elevados, incluso cuando las recompensas no son inmediatas. En el liderazgo, esto significa ser capaz de guiarse a uno mismo por principios sólidos, en lugar de reaccionar impulsivamente ante cada desafío o distracción. Los líderes que carecen de autodisciplina pueden ser susceptibles de cambiar de rumbo con demasiada facilidad, desviándose de sus metas principales ante la más mínima dificultad. Por el contrario, aquellos que han desarrollado esta virtud son capaces de mantener la calma, actuar con coherencia y, lo más importante, inspirar confianza en quienes los siguen.

Liderarse a Uno Mismo: El Primer Paso en el Liderazgo

La capacidad de liderarse a uno mismo es el requisito previo para liderar a otros. Un líder que no es capaz de dominar sus propias emociones o manejar su tiempo de manera efectiva tendrá dificultades para inspirar confianza o respeto. Este principio puede parecer obvio, pero es sorprendente cuántos aspirantes a líderes fracasan en este aspecto. Muchos subestiman el valor de la autodisciplina personal y, en cambio, intentan imponer disciplina a los demás sin haberla desarrollado en sí mismos.

Por ejemplo, un gerente que llega tarde a las reuniones o que no cumple con los plazos, difícilmente puede esperar que su equipo sea puntual o eficiente. La falta de autodisciplina en el líder se filtra rápidamente hacia el resto del equipo, creando una cultura de desorganización y baja productividad. En cambio, un líder que se guía por altos estándares personales es un ejemplo que los demás querrán emular. Liderarse a uno mismo significa tener la capacidad de cumplir con los compromisos que uno mismo ha asumido, tanto con los demás como consigo mismo.

Un ejemplo clásico de este principio lo podemos ver en el ámbito militar. Los oficiales de más alto rango no solo imponen disciplina a sus tropas; también son ellos quienes muestran el máximo nivel de autodisciplina. Los grandes generales de la historia, desde Alejandro Magno hasta Dwight D. Eisenhower, comprendían que la disciplina personal era esencial para mantener la moral y la eficacia en el campo de batalla. Un líder militar que careciera de autodisciplina no podría ganar el respeto de sus soldados ni esperar que ellos siguieran sus órdenes en momentos de crisis. Este mismo principio se aplica en los negocios y en cualquier otro contexto de liderazgo.

Un líder autodisciplinado también es capaz de manejar sus emociones de manera efectiva, lo cual es crucial cuando se enfrenta a situaciones de alta presión. La capacidad de controlar las reacciones emocionales y no permitir que el miedo, la ira o la frustración dicten las decisiones es un rasgo distintivo de los grandes líderes. Cuando un líder es capaz de mantener la calma y actuar racionalmente bajo presión, transmite un sentido de estabilidad y confianza a quienes lo rodean.

Ejemplos de Autodisciplina en el Liderazgo Empresarial

En el ámbito empresarial, la autodisciplina se refleja en varias áreas clave, tales como la gestión del tiempo, la toma de decisiones y la capacidad de mantener la concentración en los objetivos estratégicos a largo plazo. Un ejemplo de esto se encuentra en la vida de Elon Musk, el fundador de Tesla y SpaceX, conocido por su inmenso enfoque y autodisciplina. Musk es famoso por su habilidad para gestionar múltiples empresas al mismo tiempo, manteniendo una ética de trabajo rigurosa que muchos encuentran difícil de igualar. Musk no solo es disciplinado en la forma en que maneja su tiempo, trabajando largas jornadas, sino también en la forma en que toma decisiones arriesgadas pero calculadas, con una visión a largo plazo que muchos no comprendieron inicialmente.

Un ejemplo ilustrativo de la autodisciplina de Musk es su enfoque en la reducción de costos en SpaceX. Mientras otros competidores en la industria aeroespacial seguían métodos tradicionales costosos, Musk se enfocó en la reutilización de cohetes. Durante años, esta visión fue criticada y vista como poco realista, pero su disciplina y persistencia eventualmente llevaron a SpaceX a revolucionar la industria. Este tipo de liderazgo autodisciplinado requiere no solo un compromiso con los ideales y objetivos, sino también la fortaleza para ignorar las críticas y mantener el curso, algo que Musk ha demostrado de manera constante.

Otro ejemplo empresarial destacado es el de Indra Nooyi, la ex CEO de PepsiCo. Nooyi es conocida por su capacidad para tomar decisiones difíciles y por su enfoque metódico hacia la autodisciplina personal y profesional. Bajo su liderazgo, PepsiCo no solo creció en términos de ingresos, sino que también cambió su enfoque hacia la sostenibilidad y la nutrición. Nooyi implementó cambios estratégicos a largo plazo que no fueron inmediatamente populares entre los inversores, pero que finalmente posicionaron a la compañía para un crecimiento sostenible en el futuro. Su capacidad para mantenerse firme y disciplinada frente a las presiones a corto plazo es un testimonio del poder de la autodisciplina en el liderazgo.

El Poder de la Autodisciplina en la Toma de Decisiones

Un aspecto esencial de la autodisciplina en el liderazgo es la capacidad de tomar decisiones difíciles de manera consistente. Esto significa que, a veces, un líder debe sacrificar gratificaciones a corto plazo por beneficios a largo plazo. La autodisciplina en la toma de decisiones implica tener la visión y la fortaleza para rechazar opciones que puedan parecer atractivas en el momento, pero que no estén alineadas con los objetivos estratégicos a largo plazo de la organización.

Consideremos el caso de Satya Nadella, el CEO de Microsoft. Cuando Nadella asumió el liderazgo de la compañía, Microsoft estaba enfocada principalmente en el software tradicional, especialmente en el sistema operativo Windows. Sin embargo, Nadella tenía una visión diferente: transformó Microsoft en una empresa enfocada en la nube y los servicios de suscripción. Esta transición requirió decisiones difíciles, como reducir el enfoque en productos tradicionales y priorizar la inversión en nuevas áreas de negocio. Aunque hubo resistencias internas y externas, Nadella se mantuvo firme en su visión y permitió que la autodisciplina guiará sus decisiones. Hoy, bajo su liderazgo, Microsoft ha experimentado un renacimiento empresarial, con un crecimiento exponencial en sus servicios en la nube y una capitalización bursátil histórica.

Autodisciplina en la Gestión del Tiempo y la Productividad

La gestión efectiva del tiempo es uno de los pilares de la autodisciplina. Los líderes más exitosos entienden que el tiempo es un recurso finito y que la forma en que lo gestionan refleja su capacidad para liderar con

eficacia. Un líder autodisciplinado es capaz de priorizar las tareas más importantes, delegar adecuadamente y evitar distracciones innecesarias.

Tomemos el ejemplo de Tim Cook, el actual CEO de Apple. Cook es conocido por su estricta disciplina en la gestión del tiempo, comenzando su día antes del amanecer y revisando minuciosamente cada detalle relacionado con la empresa. Aunque sigue un horario muy exigente, Cook también es disciplinado en cómo maneja el equilibrio entre la vida laboral y personal, asegurando que su salud y bienestar no se vean comprometidos. Su autodisciplina no solo le ha permitido mantener a Apple en la cima de la innovación tecnológica, sino que también ha sido un ejemplo para sus empleados, quienes admiran su enfoque metódico y su ética de trabajo.

La autodisciplina en la gestión del tiempo no se trata solo de hacer más cosas, sino de hacer las cosas correctas de manera más eficiente. Un líder autodisciplinado es capaz de identificar las tareas que realmente importan y dedicarles el tiempo y los recursos necesarios. Esto implica la capacidad de decir "no" a actividades que pueden ser tentadoras pero que no están alineadas con las metas más importantes de la organización.

El Legado de la Autodisciplina

A largo plazo, la autodisciplina no solo forja el carácter del líder, sino que también deja un legado duradero. Los líderes que han cultivado la autodisciplina se convierten en modelos a seguir, inspirando a sus equipos a ser más comprometidos, centrados y resilientes. La autodisciplina crea una cultura organizacional donde la excelencia se valora y la consistencia en el esfuerzo es la norma.

Un claro ejemplo de este legado es Jack Welch, ex CEO de General Electric (GE). Welch lideró GE durante dos décadas, transformando la compañía en una de las más grandes y exitosas del mundo. Sin embargo, su éxito no fue solo resultado de decisiones estratégicas acertadas, sino también de su enfoque disciplinado hacia el liderazgo. Welch era conocido por su riguroso sistema de gestión, que exigía que todos los empleados, desde los altos ejecutivos hasta los trabajadores de línea, rindieran cuentas de sus resultados. La autodisciplina que promovió dentro de GE permitió que la empresa mantuviera un alto nivel de desempeño durante su mandato y más allá.

Liderarse a Uno Mismo es el Primer Paso

La autodisciplina es, sin lugar a dudas, el cimiento sobre el cual se construye un liderazgo efectivo. Sin la capacidad de liderarse a uno mismo, ningún líder puede aspirar a guiar a otros con éxito. Desde los desafíos cotidianos de la gestión del tiempo hasta las decisiones estratégicas más críticas, la autodisciplina es la cualidad que sostiene todas las demás habilidades de liderazgo. Aquellos que cultivan esta virtud no solo se preparan para enfrentar los retos del presente, sino que también construyen un legado de fortaleza, coherencia y excelencia que perdurará más allá de su tiempo en el poder.

Lección	Descripción	Ejemplo
Autodisciplina: La Base del Liderazgo	La autodisciplina es la habilidad de hacer lo que se debe hacer, incluso cuando es difícil o incómodo. Es fundamental para construir liderazgo sólido.	Nelson Mandela mantuvo su autodisciplina en prisión, enfocándose en la reconciliación, en lugar de dejarse llevar por el resentimiento.
Autodisciplina como forja personal	La autodisciplina no es innata, se cultiva. Implica constancia y autocontrol para enfocarse en metas de largo plazo.	Jeff Bezos mantuvo un enfoque disciplinado en la reinversión y expansión de Amazon a pesar de las presiones de obtener ganancias inmediatas.
Liderarse a uno mismo antes de liderar a otros	El liderazgo comienza con el autocontrol. Si un líder no puede gestionarse a sí mismo, difícilmente puede inspirar o guiar a otros.	Un gerente que no cumple sus compromisos no puede esperar que su equipo sea puntual o eficiente.
Autocontrol emocional bajo presión	La autodisciplina implica la capacidad de manejar emociones para tomar decisiones racionales en situaciones de alta presión.	Los grandes generales, como Eisenhower, controlaban sus emociones en la guerra para tomar decisiones estratégicas y coherentes.
Gestión del tiempo y productividad	Los líderes autodisciplinados manejan su tiempo con eficacia, priorizando las tareas más importantes y evitando	Tim Cook, CEO de Apple, gestiona rigurosamente su tiempo, comenzando el día temprano y manteniendo un

	distracciones.	enfoque claro en sus prioridades.
Toma de decisiones a largo plazo	La autodisciplina ayuda a tomar decisiones difíciles que priorizan el éxito a largo plazo sobre la gratificación inmediata.	Satya Nadella transformó Microsoft enfocándose en la nube, a pesar de la resistencia inicial al cambio de estrategia.
Cultura de autodisciplina	La autodisciplina del líder influye en la cultura organizacional, creando un ambiente de coherencia, responsabilidad y excelencia.	Jack Welch promovió la autodisciplina en General Electric, exigiendo altos estándares de rendimiento a todos los niveles de la organización.
Legado de autodisciplina	La autodisciplina deja un legado duradero, inspirando a los equipos a ser resilientes y comprometidos con el éxito continuo.	El enfoque disciplinado de Jack Welch permitió a General Electric mantener su éxito incluso después de su mandato.

CAPÍTULO 2: LA ESPADA DEL LIDERAZGO: TOMAR DECISIONES CON CLARIDAD Y VALENTÍA

Diálogo entre un Samurai y un Emprendedor Moderno

En una sala de té, iluminada tenuemente por la suave luz del amanecer, un joven emprendedor, vestido con traje moderno, se sienta frente a un samurái. El guerrero, con su kimono impecablemente dispuesto y su espada descansando a su lado, lo observa con ojos tranquilos y profundos.

Emprendedor: Estoy abrumado. Las decisiones que debo tomar a diario parecen interminables y, aunque algunas parecen menores, otras pueden definir el futuro de mi empresa. No sé qué camino tomar. ¿Cómo lograste tú, con una espada en mano y en tiempos tan inciertos, tomar decisiones tan rápidamente y con tal precisión?

Samurái: Cada decisión, joven, es una batalla. Aunque no siempre se libra con acero y sangre, tiene el mismo peso. Debes ver la espada no solo como una herramienta de guerra, sino como una representación de la claridad en el liderazgo. Cuando tomas la espada, debes decidir cómo usarla con sabiduría, o puede volverse contra ti. Del mismo modo, en tu empresa, tus decisiones son las que trazan tu destino. La clave está en actuar con el corazón claro y la mente afilada, igual que con una espada.

Emprendedor: Pero, ¿cómo puedo encontrar esa claridad en medio de tantas distracciones? Cada día hay nuevos desafíos, nuevas demandas de mi atención. ¿Cómo mantienes la serenidad y el enfoque en medio del caos?

Samurái: La clave está en la disciplina. Así como el samurái afila su espada todos los días, debes afilar tu mente y espíritu. La claridad no proviene de un momento de inspiración, sino de la práctica constante. Cada día es una oportunidad para fortalecer tu capacidad de decidir con valentía. Si evitas la confusión interna, las distracciones externas tendrán menos poder sobre ti.

El joven emprendedor se queda en silencio, reflexionando. La sabiduría del samurái empieza a hacer eco en su mente, pero todavía siente dudas.

Emprendedor: Entiendo que la práctica es importante, pero ¿y si me equivoco? Si cometo una mala decisión, podría perderlo todo.

El samurái sonríe, con una expresión serena.

Samurái: El miedo al error es un enemigo más letal que cualquier espada. Un verdadero líder entiende que el error no es el final, sino una lección. La valentía no es la ausencia de miedo, sino la capacidad de actuar a pesar de él. En el campo de batalla, igual que en el mundo empresarial, no todas las decisiones traerán la victoria. Pero cada batalla es una oportunidad para aprender, para mejorar. Solo quienes tienen el coraje de avanzar, a pesar del riesgo, pueden convertirse en maestros de su propio destino.

El Arte de la Decisión: Sabiduría Samurái para el Mundo Empresarial

La vida del samurái estaba marcada por decisiones rápidas y definitivas, muchas de las cuales podían costar su vida o la de otros. Sin embargo, no se permitían vacilar. La espada era más que un arma; era una extensión de su carácter, de su claridad mental. En la vida empresarial moderna, las decisiones que tomamos no suelen tener consecuencias tan inmediatas o violentas, pero su impacto puede ser igualmente profundo. Entonces, ¿qué podemos aprender del camino del samurái para aplicarlo en nuestro liderazgo?

La primera lección clave que el samurái nos deja es la claridad mental. En un entorno empresarial, donde las distracciones son constantes y las presiones parecen multiplicarse, la claridad en la toma de decisiones es esencial. Sin embargo, esta claridad no es algo que simplemente ocurra; es el resultado de un proceso constante de entrenamiento y enfoque. Los samuráis, antes de entrar en batalla, meditaban y purificaban su mente, asegurándose de que cada acción estuviera alineada con sus valores y su propósito. Del mismo modo, los líderes empresariales deben entrenar su mente para actuar desde un lugar de claridad, no de confusión o miedo.

A menudo, cuando enfrentamos decisiones difíciles, nuestra mente tiende a dispersarse. Nos preocupamos por las posibles consecuencias negativas, nos sentimos abrumados por la cantidad de opciones o nos paralizamos por el miedo a equivocarnos. En esos momentos, es fácil caer en la trampa de la procrastinación o de tomar decisiones impulsivas basadas en emociones temporales. Sin embargo, el samurái nos enseña que, ante todo, debemos centrar nuestra mente. La claridad en la toma de decisiones proviene de la capacidad de apartar el ruido y enfocarse en lo que realmente importa.

Una técnica que podemos adoptar es el proceso de simplificación. Antes de tomar una decisión importante, el samurái revisaba cuidadosamente las circunstancias y eliminaba todo lo que no fuera esencial para su éxito en la batalla. En el mundo empresarial, esto significa aprender a distinguir entre lo urgente y lo importante. ¿Cuántas veces te has encontrado atrapado en decisiones sobre detalles menores, perdiendo de vista el panorama general? El liderazgo efectivo requiere que simplifiques, que filtres lo que realmente importa y que enfoques tu energía en las decisiones que tendrán el mayor impacto a largo plazo.

La Valentía en la Toma de Decisiones

La valentía es otro componente fundamental del liderazgo, tanto en la vida del samurái como en el mundo empresarial. Tomar decisiones implica inevitablemente asumir riesgos. En ocasiones, el líder debe ser capaz de tomar una decisión audaz, sabiendo que el resultado puede ser incierto. Sin embargo, lo que distingue a un líder efectivo es su capacidad para actuar con valentía a pesar del riesgo.

El samurái veía la valentía no como un acto de impulsividad, sino como una virtud nacida de la preparación. Antes de la batalla, el guerrero ya había aceptado que la muerte era una posibilidad. Esto le permitía luchar sin miedo, con total enfoque en la victoria. En los negocios, la valentía se manifiesta en la capacidad de tomar decisiones difíciles sin dejarse paralizar por el miedo al fracaso. Pero para que esta valentía sea efectiva, debe estar respaldada por la preparación y la reflexión.

Un líder no debe lanzarse a decisiones importantes sin antes haber considerado cuidadosamente las consecuencias y los posibles escenarios. Esta preparación estratégica es clave para desarrollar una valentía que no sea temeraria, sino calculada. Al igual que un samurái que se prepara meticulosamente para la batalla, un líder debe prever los riesgos y las oportunidades antes de tomar una decisión audaz. Sin embargo, una vez tomada la decisión, no debe haber vuelta atrás. La duda solo genera debilidad y vacilación. Al igual que la espada del samurái, una decisión debe ser firme y definitiva.

La Disciplina de la Decisión

Un samurái no solo dependía de su fuerza física, sino también de su fortaleza mental y emocional. La toma de decisiones requería un profundo autocontrol. En el mundo de los negocios, los líderes también deben practicar este autocontrol disciplinado. La capacidad para tomar decisiones efectivas no surge en medio de la crisis; se cultiva a través de una práctica constante y deliberada.

Cada día, los líderes empresariales enfrentan múltiples decisiones: desde pequeñas cuestiones operativas hasta decisiones estratégicas de alto nivel. Para evitar la fatiga y el agotamiento mental, es esencial desarrollar hábitos de decisión eficientes. Esto implica aprender a delegar cuando sea necesario, confiar en la experiencia adquirida y evitar la parálisis por el análisis.

La disciplina de la decisión también significa ser consciente de nuestras emociones y cómo estas pueden influir en nuestras elecciones. Es fácil tomar decisiones impulsivas en momentos de frustración, miedo o euforia, pero estas emociones pueden nublar nuestro juicio. Los samuráis practicaban la meditación y la introspección para mantener un control firme sobre sus emociones, y esta práctica sigue siendo relevante hoy en día. Un líder debe aprender a reconocer cuándo sus emociones están interfiriendo en su capacidad para tomar decisiones objetivas y, en esos momentos, buscar recuperar la calma antes de actuar.

Decidir con Propósito

En el camino del samurái, cada acción tenía un propósito. No se levantaba la espada a la ligera; cada movimiento estaba calculado y alineado con un objetivo superior. Del mismo modo, en el mundo empresarial, las decisiones más efectivas son aquellas que están alineadas con una visión clara y un propósito definido. Cuando un líder tiene claro cuál es su propósito, es más fácil tomar decisiones que estén en armonía con ese objetivo final.

El propósito es la brújula que guía cada decisión. Si un líder no tiene claro qué es lo que realmente quiere lograr, cada elección se vuelve una encrucijada confusa. Por eso es fundamental que cada emprendedor y líder empresarial dedique tiempo a reflexionar sobre su propósito. ¿Qué es lo que realmente buscas con tu empresa? ¿Cuál es el impacto que deseas tener en el mundo? Al igual que el samurái que lucha por el honor y el deber, el líder moderno debe encontrar un propósito más allá de las ganancias económicas. Ese propósito será el faro que guíe cada decisión, incluso en los momentos más difíciles.

La Espada del Liderazgo

La espada del samurái es una poderosa metáfora para la toma de decisiones en el liderazgo. Al igual que un guerrero que afila su espada cada día, el líder moderno debe afilar su mente, sus valores y su propósito para tomar decisiones con claridad y valentía. La claridad proviene de la simplificación y la capacidad de enfocar la atención en lo que realmente importa. La valentía nace de la preparación y la disposición para actuar a pesar del riesgo. Y la disciplina se cultiva a través del autocontrol y la práctica constante.

En el camino del liderazgo, cada decisión es una oportunidad para avanzar hacia el éxito o el aprendizaje. El verdadero líder, como el samurái, no teme las dificultades ni los errores. En cambio, los enfrenta con una mente clara y un corazón valiente, confiando en que, con cada decisión tomada, se está forjando el camino hacia la grandeza.

Como dijo el samurái en nuestro diálogo inicial, "la clave está en actuar con el corazón claro y la mente afilada". Que esa sea tu guía en el camino del liderazgo.

Cómo Gestionar la Incertidumbre y el Riesgo

El mundo empresarial contemporáneo es un campo minado de incertidumbre y riesgo, donde las decisiones que parecen seguras hoy pueden desmoronarse mañana ante un cambio inesperado. Sin embargo, el riesgo no es un enemigo a evitar, sino una realidad inevitable que debemos aprender a gestionar con sabiduría y valentía. El liderazgo no consiste en eliminar la incertidumbre, sino en saber navegar en medio de ella. Aquí es donde la sabiduría ancestral del samurái vuelve a mostrarnos el camino. Al igual que un guerrero en el campo de batalla, el líder debe entrenarse para enfrentar lo impredecible con claridad mental, estrategia y coraje.

Para comenzar a abordar el tema de la incertidumbre, es fundamental entender que esta no es un estado pasajero, sino una condición constante en cualquier tipo de liderazgo. La tecnología avanza, los mercados cambian, y las preferencias de los consumidores evolucionan a ritmos vertiginosos. Esto obliga a los líderes a enfrentar la incertidumbre no como un obstáculo a sortear una vez, sino como un estado permanente del entorno. La pregunta, entonces, no es si debemos lidiar con la incertidumbre, sino cómo hacerlo de manera efectiva.

Uno de los errores más comunes que cometen los líderes ante la incertidumbre es intentar controlarlo todo. En su afán por eliminar el riesgo y prever cada posible escenario, pueden caer en la trampa de la parálisis por análisis, un fenómeno en el que el exceso de reflexión y la búsqueda de respuestas absolutas retrasan la acción. Aquí es donde el liderazgo samurái ofrece una lección valiosa: la acción decisiva en medio de la incertidumbre. Los samuráis sabían que no podían prever cada movimiento de su oponente, pero confiaban en su preparación, en su intuición y en su capacidad para adaptarse sobre la marcha. De igual forma, los líderes empresariales deben aceptar que no pueden controlar todas las variables, pero pueden prepararse mental y estratégicamente para responder de manera efectiva cuando surjan imprevistos.

Un ejemplo claro de cómo gestionar la incertidumbre en el mundo empresarial es el caso de Jeff Bezos, fundador de Amazon. Desde sus primeros días, Bezos entendió que el éxito a largo plazo de su empresa dependería no solo de un modelo de negocio sólido, sino también de su capacidad para adaptarse en un entorno cambiante. Cuando comenzó Amazon, la incertidumbre en el comercio electrónico era inmensa: no había un precedente claro sobre cómo funcionaría, ni cómo reaccionarían los consumidores a comprar productos en línea. Bezos, en lugar de verse paralizado por el riesgo, adoptó una estrategia basada en la experimentación y el aprendizaje continuo. Sabía que no todas las decisiones que tomara serían correctas, pero estaba dispuesto a aprender de cada error y ajustar su curso. Este enfoque no solo le permitió sobrevivir, sino prosperar en un entorno de alta incertidumbre, convirtiendo a Amazon en la empresa titánica que es hoy.

Este ejemplo nos enseña que gestionar la incertidumbre no implica eliminar el riesgo, sino aprender a convivir con él. Bezos no eliminó el riesgo de sus operaciones, pero lo gestionó inteligentemente al preparar a su organización para ser ágil, flexible y adaptable. Del mismo modo, un líder debe crear una cultura organizacional que vea el riesgo como una oportunidad de crecimiento, y no como un peligro a evitar a toda costa.

Coraje Estratégico: Afrontar los Desafíos con Determinación

El coraje en la toma de decisiones no es una cualidad innata ni una simple disposición emocional. Es una virtud estratégica que se cultiva a través de la experiencia, la reflexión y la preparación. Enfrentar desafíos con determinación no significa actuar de manera impulsiva, sino tomar decisiones audaces basadas en un profundo entendimiento de los riesgos involucrados y una clara visión de los objetivos a largo plazo.

El concepto de coraje estratégico es particularmente relevante en el mundo empresarial, donde las decisiones que tomamos hoy pueden tener repercusiones profundas en el futuro. El coraje no es solo la capacidad de arriesgar, sino también la habilidad de hacer frente a las consecuencias de ese riesgo con resiliencia. Para un samurái, la valentía no consistía simplemente en lanzarse al combate sin pensar, sino en tomar decisiones difíciles y enfrentarlas con honor y responsabilidad. En la empresa, esto se traduce en la capacidad de asumir riesgos calculados y, cuando es necesario, aceptar las consecuencias de una decisión con la misma dignidad con la que se aceptaría una victoria.

Un ejemplo destacado de coraje estratégico en la historia empresarial es el caso de Steve Jobs. Cuando Jobs regresó a Apple en 1997, la empresa estaba al borde de la quiebra. En lugar de optar por una estrategia conservadora para estabilizar la compañía, Jobs tomó decisiones audaces que implicaban grandes riesgos. Una de esas decisiones fue la reducción drástica del catálogo de productos de Apple. En ese momento, Apple ofrecía una amplia gama de productos, muchos de los cuales no estaban claramente diferenciados en el mercado. Jobs tomó la valiente decisión de simplificar el portafolio de productos, concentrando todos los recursos en una serie de dispositivos innovadores, incluido el iMac. Fue una apuesta arriesgada, ya que la empresa estaba en una posición delicada y no podía permitirse muchos errores. Sin embargo, la apuesta de Jobs no solo pagó sus dividendos, sino que marcó el comienzo de una era dorada para Apple.

Este tipo de decisiones audaces requieren una combinación de visión y coraje. El coraje estratégico, como demostró Jobs, no es una cuestión de actuar sin pensar, sino de ver más allá del presente inmediato y tener la confianza de que, incluso en la incertidumbre, los grandes riesgos a menudo pueden generar grandes recompensas. El samurái también actuaba de esta manera en la batalla, tomando decisiones que no solo ganaban un combate, sino que aseguraban su honor y el de su clan a largo plazo. En el mundo empresarial, el líder debe preguntarse constantemente: "¿Qué tipo de decisiones me permitirán no solo sobrevivir hoy, sino construir un legado para el futuro?"

El coraje estratégico también implica estar dispuesto a afrontar los fracasos. Ningún líder, por más visionario que sea, está exento de cometer errores o de enfrentar resultados inesperados. Lo que distingue a los grandes líderes es su capacidad para aprender de esos errores y seguir adelante. Al igual que un samurái que ha perdido una batalla, un líder empresarial debe levantarse, analizar la situación y adaptar su estrategia para el siguiente desafío. El fracaso, lejos de ser el final del camino, es una fuente inagotable de aprendizaje.

Un ejemplo contemporáneo de cómo enfrentar los fracasos con coraje estratégico es el caso de Elon Musk, fundador de Tesla y SpaceX. Musk ha enfrentado innumerables desafíos en su carrera, desde lanzamientos fallidos de cohetes hasta crisis financieras en Tesla. En lugar de rendirse, Musk ha mostrado un coraje impresionante al continuar apostando por sus visiones a largo plazo, incluso cuando todo parecía estar en su contra. En 2008, tanto Tesla como SpaceX estaban al borde de la bancarrota. La industria automotriz no creía en los autos eléctricos, y la exploración espacial privada era vista como un proyecto de locos. Sin embargo, Musk persistió, inyectando su propio capital y tomando decisiones estratégicas audaces para mantener ambas empresas a flote. Hoy, Tesla es uno de los principales fabricantes de automóviles eléctricos del mundo, y SpaceX ha revolucionado la industria aeroespacial. El coraje estratégico de Musk ha sido la clave para convertir estas ideas imposibles en realidades que están cambiando el mundo.

Este ejemplo ilustra que el coraje estratégico no es solo para momentos de éxito, sino especialmente crucial en momentos de adversidad. Los líderes no pueden evitar todos los riesgos, pero pueden elegir cómo responder ante ellos. Al igual que un samurái en una batalla, el líder moderno debe estar dispuesto a enfrentar situaciones difíciles con valentía y determinación, sabiendo que cada desafío es una oportunidad para crecer y evolucionar.

El Arte de Equilibrar el Riesgo y la Oportunidad

Una de las claves para gestionar la incertidumbre y ejercer el coraje estratégico es saber equilibrar el riesgo con la oportunidad. A menudo, el mayor riesgo que puede tomar un líder es no arriesgarse en absoluto. En un entorno empresarial en constante cambio, quedarse quieto puede ser más peligroso que avanzar con audacia. Sin embargo, este equilibrio es delicado. Tomar riesgos sin una estrategia clara puede llevar al desastre, mientras que evitar cualquier riesgo puede resultar en la irrelevancia.

Para un samurái, el equilibrio era un principio fundamental. No se trataba solo de dominar la espada, sino de saber cuándo usarla. La misma lección se aplica a los líderes empresariales: no es suficiente tener la capacidad de asumir riesgos, es necesario saber cuándo y cómo hacerlo. Esto implica una profunda comprensión del mercado, de la competencia, y de las capacidades internas de la organización. El coraje estratégico no es la ausencia de planificación, sino la habilidad para integrar el riesgo en una visión clara y coherente.

Un buen ejemplo de este equilibrio se puede ver en la estrategia adoptada por Howard Schultz, el ex CEO de Starbucks. Cuando Schultz adquirió Starbucks en 1987, tenía una visión clara: convertir el café en una experiencia, no solo en una bebida. Sin embargo, esta idea era arriesgada, ya que requería una inversión significativa en un modelo de negocio diferente al que existía en ese momento. Schultz decidió expandir Starbucks de manera agresiva, creando un ambiente único en sus tiendas que promovía la cultura del "tercer lugar", donde las personas podían reunirse fuera de sus hogares y oficinas. Aunque existía el riesgo de que los consumidores no adoptaran esta nueva experiencia, Schultz equilibró este riesgo con una estrategia clara y un entendimiento profundo de las tendencias sociales emergentes. El resultado fue un éxito rotundo que transformó la industria del café y consolidó a Starbucks como líder mundial.

Liderar con Coraje en Tiempos de Incertidumbre

Gestionar la incertidumbre y asumir riesgos es una tarea que requiere no solo inteligencia y habilidades, sino también una gran cantidad de coraje estratégico. El líder moderno debe ser capaz de aceptar la incertidumbre como una constante y utilizar el riesgo como una herramienta para impulsar la innovación y el crecimiento. Así como el samurái enfrenta cada batalla con preparación, claridad y valentía, el líder debe adoptar un enfoque similar en su liderazgo. No se trata de eliminar el riesgo, sino de aprender a gestionarlo con sabiduría, coraje y visión a largo plazo.

El coraje estratégico, como hemos visto en ejemplos como Steve Jobs, Jeff Bezos y Elon Musk, no es una cualidad que simplemente aparece en momentos de crisis. Es una virtud que se cultiva a través de la experiencia, la preparación y la disposición a aprender de los fracasos. Es, en última instancia, la capacidad de liderar con determinación, incluso cuando el camino es incierto, sabiendo que el verdadero liderazgo se forja no en la certeza, sino en la valentía de enfrentar lo desconocido.

Que cada líder que lea estas palabras encuentre en la incertidumbre no un enemigo, sino un aliado en su búsqueda de la excelencia. Como el samurái que blande su espada con precisión y honor, que cada decisión, por más riesgosa que sea, esté guiada por la sabiduría, el coraje y la visión.

CAPÍTULO 3: LA LEALTAD INQUEBRANTABLE: CONSTRUYENDO EQUIPOS SÓLIDOS Y LEALES

En el corazón del liderazgo samurái se encuentra una virtud que trasciende el tiempo: la lealtad. Los samuráis no solo eran guerreros altamente capacitados, sino que también eran emblemas de fidelidad incondicional a su señor. En el contexto empresarial, esta misma lealtad es fundamental para construir equipos sólidos, capaces de superar obstáculos y alcanzar objetivos comunes.

Lealtad y confianza son dos caras de la misma moneda. Mientras que la confianza es el fundamento sobre el cual se construyen las relaciones, la lealtad es el resultado de esa confianza sostenida a lo largo del tiempo. En este capítulo, nos adentraremos en las estrategias necesarias para cultivar una cultura organizacional en la que estos dos elementos prosperen, haciendo de tu equipo una verdadera unidad cohesionada.

El camino del samurái: Inspiración para los líderes modernos

La lealtad en el código samurái no se limitaba a una simple obligación o deber. Era un compromiso profundo, forjado a través de años de respeto mutuo y sacrificio. En las empresas modernas, los líderes pueden aprender de esta dedicación inquebrantable para forjar equipos leales. Pero, ¿cómo se cultiva realmente este tipo de lealtad en un entorno donde la rotación laboral y el cambio constante son la norma?

La respuesta radica en la creación de una cultura de confianza, en la que los miembros del equipo no solo se sientan valorados, sino también comprometidos con los objetivos y valores de la empresa. La lealtad no se puede exigir, sino que debe ganarse a través de actos consistentes de liderazgo ético, empatía y visión compartida.

Crear una cultura de confianza y lealtad: El poder del ejemplo

El primer paso para crear un equipo leal es construir una base sólida de confianza. Los líderes que siguen el "camino del samurái" entienden que la confianza no se otorga de manera automática; es algo que debe ganarse y, una vez obtenido, protegerse con cuidado.

1. Liderazgo con integridad: Los samuráis demostraban su lealtad a través de su comportamiento diario, no solo con palabras. Del mismo modo, en el ámbito empresarial, los líderes deben ser consistentes en sus acciones y decisiones. La integridad es la columna vertebral de la confianza. Los líderes que muestran coherencia entre lo que dicen y lo que hacen generan un sentido de seguridad entre sus colaboradores. Este tipo de liderazgo transparente fomenta un ambiente donde los empleados sienten que pueden confiar en sus superiores, lo que allana el camino para la lealtad.

2. La importancia de la comunicación clara y honesta: Un samurái nunca dejaba espacio para la confusión o la duda en su lealtad. En la empresa, la comunicación juega un papel crucial para cultivar este mismo tipo de confianza. Los líderes deben ser abiertos y claros en sus expectativas, objetivos y decisiones. Cuando los empleados saben exactamente qué se espera de ellos y hacia dónde se dirige la organización, se sienten más comprometidos con su papel dentro del equipo. La transparencia elimina la incertidumbre, que es el principal enemigo de la confianza y la lealtad.

3. Fomentar un ambiente de respeto mutuo: Los samuráis cultivaban un profundo respeto hacia sus compañeros de armas. En las organizaciones modernas, el respeto mutuo es un componente esencial para crear un entorno de trabajo donde la lealtad prospere. Los líderes que valoran las ideas y el trabajo de sus empleados, y los tratan con dignidad, crean un espacio donde los colaboradores se sienten valorados y motivados a dar lo mejor de sí mismos. Cuando los empleados sienten que sus contribuciones son apreciadas, es más probable que permanezcan leales a la empresa.

El compromiso mutuo: Más allá de la simple motivación

El verdadero éxito en la construcción de equipos sólidos y leales proviene del compromiso mutuo. Un líder samurái no solo exigía lealtad de sus subordinados, sino que también les ofrecía su propio compromiso total. En el ámbito corporativo, esta reciprocidad es clave para desarrollar una cultura de confianza y lealtad duraderas.

1. Ofrecer apoyo incondicional: Un líder que respalda a su equipo en momentos difíciles inspira una lealtad inquebrantable. Cuando los colaboradores saben que pueden contar con el apoyo de sus líderes, especialmente durante momentos de incertidumbre o desafío, se sienten más comprometidos con el éxito del equipo y de la empresa. Este tipo de compromiso bidireccional refuerza la relación de confianza y fomenta una lealtad profunda.

2. Crear oportunidades para el crecimiento personal y profesional: El camino del samurái no era estático; implicaba un constante perfeccionamiento de las habilidades y del carácter. En las empresas modernas, el crecimiento y el desarrollo de los empleados son fundamentales para mantener su lealtad. Los líderes deben invertir en el desarrollo de sus colaboradores, ofreciéndoles oportunidades para mejorar sus habilidades y avanzar en su

carrera. Cuando los empleados ven que su empresa se preocupa por su crecimiento, se sienten más comprometidos y leales a la organización.

3. Reconocer y recompensar la lealtad: El reconocimiento sincero es una herramienta poderosa para fomentar la lealtad. En el Japón feudal, los samuráis eran honrados por su servicio fiel. De manera similar, en el entorno empresarial, los líderes deben tomarse el tiempo para reconocer las contribuciones y el compromiso de sus empleados. Las recompensas, ya sean tangibles o emocionales, refuerzan el comportamiento leal y animan a los empleados a seguir comprometidos con la empresa a largo plazo.

Lealtad en tiempos de crisis: El verdadero test

Es fácil hablar de lealtad cuando las cosas van bien, pero el verdadero valor de esta virtud se revela en tiempos de crisis. Los samuráis eran conocidos por su valentía y lealtad inquebrantable, incluso en los momentos más oscuros. De manera similar, en el mundo empresarial, la lealtad se pone a prueba cuando las circunstancias son difíciles.

1. Liderar con calma y determinación: Durante una crisis, los equipos buscan liderazgo, alguien que pueda guiarlos a través de la tormenta con confianza. Los líderes que mantienen la calma bajo presión y ofrecen una dirección clara refuerzan la confianza en sus equipos. Este tipo de liderazgo decisivo y seguro fomenta la lealtad, ya que los empleados se sienten protegidos y guiados por alguien en quien pueden confiar.

2. Mantener la transparencia en todo momento: La tentación de ocultar información o suavizar la gravedad de una situación puede ser fuerte durante una crisis, pero esto solo socava la confianza y, en última instancia, la lealtad. Los líderes que son transparentes y honestos, incluso cuando las noticias no son favorables, inspiran un nivel de lealtad más profundo. La honestidad, aunque incómoda, refuerza la percepción de integridad y compromiso mutuo, lo que a largo plazo fortalece al equipo.

3. Crear un sentido de misión compartida: Durante los tiempos difíciles, los equipos que comparten una misión clara y bien definida son más capaces de mantener su cohesión. El sentido de propósito es lo que impulsa a los empleados a permanecer leales, incluso cuando las circunstancias externas son adversas. Los líderes que inspiran a sus equipos a unirse en torno a una misión común crean un vínculo que puede resistir cualquier tempestad.

El legado de la lealtad

La lealtad no es un concepto anticuado ni irrelevante en el mundo empresarial moderno; es un cimiento crítico para construir equipos sólidos y exitosos. Al igual que los samuráis, los líderes de hoy deben esforzarse por cultivar relaciones basadas en la confianza mutua, el respeto y el compromiso.

La lealtad inquebrantable no se logra de la noche a la mañana, pero con un liderazgo consistente, una comunicación abierta y una visión compartida, los equipos pueden transformarse en unidades cohesionadas y resilientes. Al final, los líderes que logran inspirar este nivel de lealtad no solo crean empresas exitosas, sino también legados que trascienden el tiempo.

Liderar con el Ejemplo: El Compromiso del Líder con su Equipo

El liderazgo con el ejemplo es uno de los principios más antiguos y más efectivos de la gestión de personas. Este enfoque implica que los líderes deben modelar el comportamiento que esperan ver en sus equipos. Si un líder predica la importancia de la integridad, debe demostrarlo en todas sus acciones. Si espera compromiso, debe ser el primero en demostrar dedicación y esfuerzo. De esta manera, el líder no solo transmite sus expectativas verbalmente, sino que también establece un estándar visible y tangible de lo que significa actuar de acuerdo con los valores y la visión de la organización.

En el contexto empresarial, este tipo de liderazgo crea un puente entre el líder y su equipo. Los empleados no solo escuchan lo que deben hacer; lo ven en acción. Esta coherencia entre palabras y acciones refuerza la credibilidad del líder y fomenta una cultura de respeto mutuo y confianza. Cuando los empleados ven que su líder se esfuerza y está dispuesto a asumir las mismas responsabilidades que ellos, es más probable que se sientan motivados a seguir su ejemplo y esforzarse más allá de sus propias expectativas.

Ejemplo: Steve Jobs y la Innovación

Steve Jobs, cofundador de Apple, es un ejemplo icónico de liderazgo con el ejemplo. Jobs no solo exigía creatividad y excelencia de su equipo, sino que él mismo era el motor detrás de la innovación que caracterizaba a la compañía. Aunque sus expectativas eran altas, Jobs trabajaba al mismo nivel que su equipo, si no más, dedicando incontables horas a revisar diseños, aportar ideas y asegurarse de que cada detalle estuviera alineado con su visión de productos excepcionales. Su compromiso con la calidad y la innovación inspiró a su equipo a dar lo mejor de sí mismos, resultando en productos icónicos como el iPhone y el iPod.

El liderazgo de Jobs no fue solo una cuestión de autoridad, sino de influencia. Su equipo lo seguía porque creían en su visión y porque veían que él estaba dispuesto a hacer los sacrificios necesarios para alcanzarla. De esta manera, Jobs se convirtió en un ejemplo vivo de lo que significa liderar con compromiso.

Cómo Inspirar a Otros a Seguir tu Visión

Inspirar a otros a seguir una visión no es una tarea sencilla. Requiere más que comunicar una idea o un objetivo: se trata de crear una conexión emocional con esa visión y hacer que las personas vean cómo su esfuerzo contribuye a algo más grande que ellos mismos. Un líder debe ser capaz de traducir la visión organizacional en una historia convincente que resuene con las aspiraciones y motivaciones personales de su equipo.

Para inspirar a otros, un líder debe ser un buen comunicador, alguien capaz de articular claramente la dirección en la que quiere llevar al equipo. Sin embargo, más allá de la claridad, debe existir pasión y autenticidad. Las personas pueden percibir cuando un líder realmente cree en lo que dice, y esa convicción es lo que, en última instancia, les impulsa a comprometerse. Además, un buen líder debe ser capaz de adaptar su estilo de comunicación para conectar con diferentes tipos de personas en su equipo. Lo que motiva a un empleado puede no ser lo mismo que motiva a otro, y el líder debe ser hábil para reconocer y nutrir esas diferencias.

Ejemplo: Nelson Mandela y la Unificación de Sudáfrica

Nelson Mandela es un ejemplo sobresaliente de cómo un líder puede inspirar a otros a seguir una visión transformadora. Durante su presidencia en Sudáfrica, Mandela enfrentó la tarea monumental de unificar un país profundamente dividido por el apartheid. Su visión de una Sudáfrica inclusiva, donde todas las razas pudieran convivir en paz, era una meta que muchos consideraban inalcanzable. Sin embargo, a través de su propio ejemplo de perdón, reconciliación y compromiso inquebrantable con la justicia, Mandela inspiró a millones de personas, no solo en Sudáfrica, sino en todo el mundo, a creer en la posibilidad de un futuro mejor.

Mandela no solo habló sobre la importancia de la paz y la unidad, sino que vivió esos principios en su trato con antiguos enemigos, mostrándose dispuesto a dialogar y a perdonar a quienes lo habían encarcelado. Este ejemplo personal tuvo un efecto profundo en su nación, demostrando que la paz no era solo un ideal abstracto, sino una meta alcanzable si todos estaban dispuestos a seguir su liderazgo.

Construir Confianza a Través del Liderazgo con el Ejemplo

La confianza es la piedra angular de cualquier relación exitosa, ya sea entre colegas, empleados y líderes, o entre una empresa y sus clientes. Un líder que lidera con el ejemplo construye confianza de manera natural, ya que sus acciones reafirman sus palabras. Cuando los empleados ven que sus líderes cumplen con las promesas y se mantienen fieles a los valores que predican, la confianza crece de forma orgánica.

Por ejemplo, si un líder pide a su equipo que trabaje horas extras para cumplir con un proyecto importante, pero él mismo sale a las 5 p.m. todos los días, es poco probable que genere la lealtad y la confianza que espera de su equipo. En cambio, si ese líder se queda con su equipo hasta el final, trabajando codo a codo, muestra no solo compromiso, sino también respeto hacia los esfuerzos de los demás. Este tipo de coherencia refuerza la idea de que todos están en el mismo barco y de que el éxito del equipo es un esfuerzo conjunto.

Ejemplo: Howard Schultz y la Cultura de Starbucks

Howard Schultz, el ex-CEO de Starbucks, es conocido por su compromiso con sus empleados, a quienes siempre se refiere como "socios". Desde los inicios de la compañía, Schultz lideró con el ejemplo al implementar políticas que no solo beneficiaban a los accionistas, sino también a sus empleados, como ofrecer seguro médico incluso a los trabajadores a tiempo parcial. Esta actitud demostró que el bienestar de sus empleados era una prioridad, y como resultado, Schultz creó una cultura corporativa donde la lealtad y la confianza mutua eran fundamentales.

Los empleados de Starbucks no solo trabajaban para una empresa; se sentían parte de una misión más grande que ellos mismos. Sabían que sus líderes estaban comprometidos con su bienestar, lo que generaba un sentido de lealtad y dedicación hacia la empresa. Este enfoque no solo inspiró a los empleados a dar lo mejor de sí mismos, sino que también atrajo a clientes que valoraban el compromiso social de la marca.

Conseguir el Compromiso del Equipo

Uno de los mayores desafíos que enfrentan los líderes es obtener el compromiso total de su equipo. Un equipo comprometido no solo trabaja más duro, sino que también trabaja de manera más inteligente, porque está alineado con la visión del líder y siente que sus esfuerzos individuales tienen un propósito significativo. El compromiso no se puede imponer, debe ganarse, y la mejor manera de lograrlo es a través del ejemplo.

Cuando los líderes muestran dedicación, pasión y coherencia en sus acciones, los miembros del equipo son más propensos a hacer lo mismo. Este sentido de compromiso mutuo fortalece la cohesión del equipo y fomenta un ambiente donde todos se sienten responsables del éxito colectivo. Además, un equipo comprometido es más resiliente frente a los desafíos, porque está impulsado por una visión compartida y un sentido de propósito común.

Ejemplo: Satya Nadella y la Transformación de Microsoft

Cuando Satya Nadella asumió el cargo de CEO de Microsoft en 2014, la empresa estaba perdiendo relevancia en un mundo dominado por la tecnología móvil y la nube. Sin embargo, a través de su liderazgo con el ejemplo y un enfoque en la empatía y la colaboración, Nadella logró transformar la cultura de Microsoft y devolverla a la cima de la innovación tecnológica.

Nadella no solo implementó cambios estratégicos, sino que también demostró a sus empleados que estaba dispuesto a escuchar y aprender de ellos. Promovió una cultura de aprendizaje continuo y colaboración, donde los fracasos eran vistos como oportunidades para crecer. Al liderar con humildad y empatía, Nadella inspiró a su equipo a abrazar el cambio y a comprometerse con la nueva dirección de la empresa. Este enfoque transformó a Microsoft en una empresa más ágil, innovadora y resiliente.

La Importancia de la Coherencia

Un aspecto clave de liderar con el ejemplo es la coherencia. No basta con mostrar un buen comportamiento de vez en cuando; los líderes deben ser consistentes en su actitud y en su enfoque. La inconsistencia genera confusión y desconfianza, mientras que la coherencia refuerza la estabilidad y la previsibilidad, que son esenciales para construir relaciones fuertes dentro del equipo.

Los empleados observan de cerca a sus líderes, y cualquier contradicción entre lo que dicen y lo que hacen puede erosionar rápidamente la confianza que han trabajado tanto por construir. La coherencia, por otro lado, crea un ambiente de seguridad psicológica, donde los empleados saben que pueden confiar en su líder para guiarlos de manera justa y predecible.

Liderar con el ejemplo no es solo una estrategia efectiva para obtener resultados a corto plazo, sino una filosofía que crea bases sólidas para el éxito a largo plazo. Al modelar el comportamiento que quieren ver en sus equipos, los líderes no solo inspiran a otros a seguir su visión, sino que también construyen una cultura de confianza, compromiso y respeto que impulsa el crecimiento y la innovación.

1. ¿Cómo puedes adaptar tu estilo de liderazgo para inspirar a un equipo diverso con diferentes motivaciones y habilidades?

Sugerencia para la resolución: Reflexiona sobre las distintas necesidades y características de los miembros de tu equipo. Considera realizar evaluaciones individuales para identificar sus motivaciones clave (por ejemplo, crecimiento profesional, estabilidad laboral, reconocimiento, etc.). Adapta tu comunicación y enfoque según esas motivaciones. Por ejemplo, algunos pueden sentirse más inspirados con proyectos desafiantes, mientras que otros valoran un ambiente colaborativo. Un buen ejercicio sería preguntarte cómo puedes personalizar tu estilo de liderazgo para que todos se sientan involucrados y comprometidos.

2. Piensa en una situación reciente donde diste instrucciones a tu equipo, ¿lideraste con el ejemplo o crees que podrías haber hecho más para demostrar el comportamiento esperado?

Sugerencia para la resolución: Haz una autoevaluación honesta sobre cómo manejaste la situación. Piensa en los aspectos donde tus acciones estuvieron alineadas con lo que pedías a tu equipo, y en los aspectos donde tal vez no demostraste completamente el compromiso que esperabas de ellos. Reflexiona sobre cómo podrías cambiar tu comportamiento la próxima vez para servir de ejemplo más claro, como ser más visible en momentos críticos o asumir tareas adicionales para compartir la carga.

3. ¿Qué estrategias podrías implementar para mantener la coherencia en tu liderazgo, incluso en situaciones de estrés o crisis?

Sugerencia para la resolución: Considera técnicas de gestión del estrés y planificación que te ayuden a mantener la coherencia en tiempos difíciles. Elabora un plan sobre cómo podrías actuar bajo presión, asegurándote de que tus valores y acciones se mantengan constantes. Identifica tus puntos débiles o factores que podrían hacerte actuar de manera inconsistente. Desarrolla hábitos como la toma de decisiones basada en principios y la delegación efectiva para garantizar que, incluso en situaciones de crisis, tu equipo vea un liderazgo fuerte y constante.

CAPÍTULO 4: EL HONOR EN LOS NEGOCIOS: ÉTICA Y RESPONSABILIDAD EN EL ÉXITO EMPRESARIAL

El camino del samurái, profundamente arraigado en valores como la lealtad, el coraje y, sobre todo, el honor, tiene mucho que enseñarnos sobre el liderazgo moderno. En un mundo empresarial cada vez más competitivo y globalizado, la ética y la responsabilidad ya no son simplemente deseables, sino esenciales para alcanzar el éxito a largo plazo. En este contexto, el honor emerge como una piedra angular, una guía infalible para tomar decisiones y dirigir equipos, organizaciones y empresas con integridad y responsabilidad.

Integridad en Cada Decisión: El Valor del Honor en el Liderazgo

En la tradición samurái, el honor no era un concepto abstracto, sino una manifestación concreta de las decisiones cotidianas. Cada acción, cada palabra, estaba impregnada de una profunda responsabilidad hacia los demás y hacia uno mismo. El honor no podía ser traicionado ni negociado, y la pérdida de este valor era más temida que la muerte. En el ámbito empresarial, el honor se refleja en la integridad, un principio inmutable que define el comportamiento de los líderes y la cultura de las organizaciones.

La integridad, como el honor, exige coherencia entre las palabras y los hechos. Para un líder empresarial, esto significa tomar decisiones difíciles, incluso cuando podrían parecer impopulares o perjudiciales en el corto plazo. Un líder íntegro es aquel que pone los valores por encima de las ganancias inmediatas, entendiendo que el éxito verdadero no se construye sobre fundamentos frágiles, sino sobre principios sólidos y duraderos.

El honor, en su esencia, es el reflejo de quiénes somos cuando nadie está mirando. Para los samuráis, la lealtad a su señor y a sus principios era la máxima prioridad. Del mismo modo, en el liderazgo empresarial, la integridad debe prevalecer incluso en los momentos en que las decisiones parecen difíciles o poco ventajosas. Por ejemplo, un líder empresarial puede enfrentarse a la tentación de comprometer la calidad de un producto para reducir costos o maximizar las ganancias a corto plazo. Sin embargo, actuar con honor implica resistir estas tentaciones y, en su lugar, tomar decisiones que reflejen los valores fundamentales de la organización. Esta integridad no solo fortalece la relación con los clientes, sino que también genera confianza interna dentro del equipo, creando un ambiente en el que todos se sienten orgullosos de su trabajo.

La Importancia de la Transparencia en la Toma de Decisiones

Un aspecto clave del honor en los negocios es la transparencia. Para un samurái, el honor significaba actuar con honestidad y claridad, sin dobles intenciones. De la misma manera, en el mundo empresarial, la transparencia en la toma de decisiones es esencial para establecer una cultura de confianza y responsabilidad. Los empleados, socios y clientes valoran a los líderes que son claros sobre sus intenciones, que no ocultan información crucial y que son capaces de comunicar de manera honesta las razones detrás de cada decisión.

La falta de transparencia, por otro lado, erosiona rápidamente la confianza, y cuando esta se pierde, es extremadamente difícil de recuperar. La opacidad en la toma de decisiones, las medias verdades o la omisión de información clave pueden generar un ambiente de desconfianza y sospecha, lo que afecta tanto la moral interna como la percepción externa de la empresa. Actuar con honor en este sentido implica ser claro y directo, admitiendo errores cuando es necesario y enfrentando las consecuencias de las decisiones de manera abierta y honesta.

Un ejemplo práctico de cómo la transparencia puede afectar el éxito empresarial se puede ver en la gestión de crisis. Cuando las empresas enfrentan situaciones difíciles, como un producto defectuoso o una campaña publicitaria mal recibida, la tentación puede ser encubrir los errores o minimizar su impacto. Sin embargo, las organizaciones que actúan con honor adoptan un enfoque diferente: son abiertas sobre lo sucedido, asumen la responsabilidad y toman medidas correctivas inmediatas. Este enfoque no solo demuestra integridad, sino que también refuerza la confianza a largo plazo con los clientes y socios.

El Coraje de Mantener la Ética en Tiempos de Adversidad

La integridad y el honor no siempre son fáciles de mantener, especialmente en tiempos de adversidad. Cuando los desafíos se acumulan y las presiones externas amenazan con desestabilizar a la organización, es cuando el verdadero carácter de un líder se pone a prueba. Para los samuráis, el coraje no solo significaba enfrentar al enemigo en el campo de batalla, sino también tener la fortaleza moral para actuar de acuerdo con los principios, incluso cuando hacerlo podría llevar al sacrificio personal.

En el ámbito empresarial, este tipo de coraje se manifiesta en la capacidad de tomar decisiones éticas en situaciones donde las soluciones más fáciles o rápidas podrían implicar comprometer los valores de la organización. Un líder empresarial que actúa con honor se niega a ceder ante la corrupción, el soborno o cualquier otra forma de comportamiento poco ético, incluso cuando hacerlo podría resultar en beneficios financieros a corto plazo. Este tipo de coraje puede requerir tomar decisiones difíciles, como renunciar a un contrato lucrativo que no se alinea con los valores de la empresa o denunciar prácticas injustas dentro de la industria.

Mantener la ética en tiempos de adversidad también refuerza la reputación de la empresa a largo plazo. Los clientes y socios valoran a las organizaciones que actúan con responsabilidad y ética, y están más dispuestos a apoyar a las empresas que mantienen sus valores incluso en los momentos más difíciles. En este sentido, actuar con honor no solo es una cuestión de principios, sino también una estrategia efectiva para el éxito empresarial a largo plazo.

Responsabilidad Social: El Honor en la Relación con la Comunidad

El honor en los negocios no se limita a las decisiones internas o a las relaciones con los empleados y socios. También se extiende a la responsabilidad que las empresas tienen hacia la sociedad y las comunidades en las que operan. Para los samuráis, el honor incluía una profunda responsabilidad hacia los demás, un sentido de deber hacia la comunidad. En el contexto empresarial moderno, esto se traduce en la responsabilidad social corporativa (RSC), un concepto que implica que las empresas tienen la obligación de contribuir al bienestar de la sociedad más allá de la mera búsqueda de ganancias.

Las empresas que actúan con honor entienden que su éxito está intrínsecamente ligado al bienestar de las comunidades en las que operan. Esto significa que deben ser responsables no solo ante sus accionistas, sino también ante sus empleados, clientes y la sociedad en general. La RSC abarca una amplia gama de acciones, desde prácticas laborales justas hasta iniciativas medioambientales, y cada una de estas áreas representa una oportunidad para que las empresas demuestren su compromiso con los valores de integridad y responsabilidad.

Un ejemplo claro de cómo la responsabilidad social puede integrarse en la estrategia empresarial es el enfoque en la sostenibilidad. En la actualidad, cada vez más empresas están reconociendo la importancia de adoptar prácticas sostenibles, no solo porque es lo correcto desde el punto de vista ético, sino también porque es esencial para asegurar su viabilidad a largo plazo. Actuar con honor en este sentido implica ir más allá de las regulaciones mínimas y adoptar un enfoque proactivo hacia la sostenibilidad, buscando constantemente formas de minimizar el impacto ambiental y contribuir positivamente al entorno.

Además, la responsabilidad social corporativa también implica un compromiso con el bienestar de los empleados. Las empresas que actúan con honor entienden que sus empleados no son meros recursos, sino personas que merecen respeto, trato justo y oportunidades de crecimiento. Esto significa ofrecer salarios justos, condiciones laborales seguras y oportunidades de desarrollo personal y profesional. Al tratar a los empleados con honor y respeto, las empresas no solo fomentan un ambiente de trabajo positivo, sino que también aseguran que sus equipos estén comprometidos y motivados para contribuir al éxito de la organización.

El Legado del Honor: Construyendo una Empresa que Trascienda

El honor no es solo un principio que guía las decisiones individuales de los líderes; también es un legado que las empresas pueden dejar para las generaciones futuras. En el camino del samurái, el honor era algo que se transmitía de generación en generación, una tradición que mantenía vivo el espíritu de responsabilidad y rectitud. Del mismo modo, las empresas que actúan con honor pueden crear un legado duradero, uno que trascienda las ganancias financieras y deje una huella positiva en la sociedad.

Construir una empresa que trascienda implica adoptar una visión a largo plazo, en la que las decisiones no se tomen únicamente en función de los resultados inmediatos, sino con un enfoque en el impacto a largo plazo. Las empresas que actúan con honor entienden que su reputación es uno de sus activos más valiosos, y que esta se construye a lo largo del tiempo a través de un comportamiento consistente, ético y responsable.

Un ejemplo de cómo las empresas pueden dejar un legado de honor es a través del liderazgo responsable. Los líderes empresariales que actúan con integridad y que promueven una cultura de honor dentro de la organización inspiran a las futuras generaciones de líderes a seguir su ejemplo. Este tipo de liderazgo no solo beneficia a la empresa en el presente, sino que también asegura que los valores de integridad, responsabilidad y honor continúen siendo una parte integral de la organización en el futuro.

El honor en los negocios no es un concepto anticuado o irrelevante en la era moderna; por el contrario, es más importante que nunca. En un mundo empresarial cada vez más interconectado y transparente, las decisiones que se toman con integridad y responsabilidad no solo definen el éxito a corto plazo, sino también el legado a largo plazo de una organización. Al actuar con honor, los líderes empresariales no solo demuestran su compromiso con los valores éticos, sino que también crean un ambiente de confianza y respeto que impulsa a sus equipos y organizaciones hacia el éxito duradero.

Como los samuráis, los líderes empresariales deben abrazar el honor como una guía infalible en su toma de decisiones, entendiendo que la verdadera fuerza no reside en las victorias fáciles, sino en la capacidad de mantenerse firmes en los principios, incluso cuando enfrentan las mayores adversidades. El honor, al igual que el liderazgo, no es algo que se conquista de una vez por todas, sino un compromiso continuo con la excelencia, la integridad y la responsabilidad. Al hacerlo, las empresas no solo alcanzarán el éxito, sino que también dejarán un legado que perdurará mucho más allá de sus logros financieros.

Tomar Decisiones Éticas en Situaciones Difíciles

En el mundo empresarial, las decisiones que toman los líderes rara vez son simples o unilaterales. Con frecuencia, estas decisiones están llenas de complejidades, incertidumbres y dilemas que pueden desafiar las convicciones éticas de los líderes.

Cuando las empresas se enfrentan a situaciones difíciles —ya sea una crisis financiera, un problema de reputación, o tensiones internas— es cuando más se pone a prueba la fortaleza moral y ética de sus dirigentes. En estos momentos, actuar de manera ética puede parecer complicado, especialmente cuando las decisiones inmorales o poco transparentes pueden ofrecer una solución más rápida o rentable. Sin embargo, es precisamente en estos momentos de adversidad donde el verdadero carácter de un líder y su capacidad para tomar decisiones éticas se manifiesta con mayor claridad.

Un ejemplo clásico de un dilema ético en el entorno empresarial es el conflicto entre la rentabilidad y la responsabilidad social. Imagínate a una compañía que está al borde de la quiebra, y cuya única opción aparente para sobrevivir es reducir sus costos drásticamente. La forma más rápida de hacerlo podría ser recortando empleos o trasladando sus operaciones a una región donde las regulaciones laborales son más laxas y los salarios, más bajos. A corto plazo, esta decisión podría salvar a la empresa y mejorar sus márgenes de beneficio, pero a largo plazo, ¿a qué costo?

Actuar de manera ética en esta situación implica evaluar todas las opciones disponibles, no solo desde una perspectiva financiera, sino también desde una perspectiva humana. Un líder ético considerará el impacto que estas decisiones tendrán en los empleados, las familias y las comunidades afectadas. Podría buscar alternativas más responsables, como renegociar contratos, innovar en la cadena de suministro o encontrar nuevas fuentes de ingresos, en lugar de tomar la salida fácil a expensas del bienestar de los empleados. Esta decisión no solo es moralmente correcta, sino que también refuerza la lealtad y el compromiso de los empleados y mejora la reputación de la empresa a largo plazo.

Otro ejemplo relevante en el contexto actual es el desafío de mantener la transparencia en tiempos de crisis. Durante la pandemia del COVID-19, muchas empresas se vieron obligadas a tomar decisiones difíciles sobre la continuidad de sus operaciones y el trato a sus empleados. En lugar de comunicar de manera abierta y transparente sobre las dificultades financieras y las decisiones difíciles que enfrentaban, algunas compañías optaron por ocultar la verdad, despidiendo empleados sin previo aviso o implementando recortes sin justificar adecuadamente sus acciones. Esta falta de transparencia, aunque podría haber ofrecido una solución temporal, socavó gravemente la confianza de los empleados y clientes en estas empresas.

Un líder ético, en lugar de tomar el camino fácil de la ocultación, hubiera actuado con transparencia. Esto no significa necesariamente evitar despidos o recortes, ya que a veces son inevitables, pero sí implica ser honesto sobre la situación, comunicar de manera clara y abierta los desafíos que enfrenta la empresa, y tratar a los empleados con dignidad y respeto. Este tipo de liderazgo no solo refuerza la integridad de la empresa, sino que también fortalece la relación con los empleados y los clientes, que aprecian la honestidad y la transparencia, incluso en tiempos difíciles.

El sector financiero es otra área donde las decisiones éticas pueden ser desafiantes. En los últimos años, hemos sido testigos de varios escándalos financieros que involucran decisiones corporativas éticamente cuestionables. Un ejemplo emblemático es la crisis financiera de 2008, que en gran parte fue impulsada por la codicia de instituciones financieras que tomaron decisiones arriesgadas y poco éticas, sin considerar las consecuencias a largo plazo para sus clientes o la economía en su conjunto. Los ejecutivos de estas instituciones priorizaron los beneficios inmediatos, emitiendo hipotecas de alto riesgo y creando productos financieros complejos que eran incomprensibles para la mayoría de los inversores. Como resultado, millones de personas perdieron sus hogares, ahorros y empleos.

¿Qué hubiera sucedido si los líderes financieros hubieran tomado decisiones más éticas desde el principio? Si hubieran priorizado la responsabilidad sobre la rentabilidad, es probable que la crisis se hubiera evitado o al menos mitigado. Actuar con ética en este caso hubiera significado resistirse a la tentación de maximizar las ganancias a cualquier costo, tomando decisiones que protegieran a los clientes y a la sociedad en su conjunto. Aunque podría haber resultado en menos ingresos a corto plazo, habría preservado la confianza en el sistema financiero y evitado el desastre económico que siguió.

La industria tecnológica también ha enfrentado importantes dilemas éticos en los últimos años, especialmente en lo que respecta a la privacidad y la seguridad de los datos de los usuarios. Las empresas tecnológicas manejan cantidades masivas de información personal, y la forma en que gestionan estos datos tiene un impacto significativo en la confianza de los usuarios. Sin embargo, algunas empresas han sido tentadas a monetizar estos datos de maneras que comprometen la privacidad de los usuarios, vendiéndolos a terceros sin su conocimiento o utilizando técnicas invasivas para influir en sus decisiones. Aunque estas prácticas pueden generar ingresos sustanciales, erosionan la confianza de los consumidores y pueden dañar gravemente la reputación de la empresa a largo plazo.

Un ejemplo positivo de cómo tomar decisiones éticas en esta área puede generar beneficios a largo plazo es el caso de Apple. La compañía ha adoptado una postura firme sobre la privacidad de los datos de los usuarios, incluso en situaciones en las que podría haber cedido ante la presión gubernamental o comercial para obtener acceso a esta información. Esta decisión ética, aunque podría haber limitado algunas oportunidades comerciales, ha reforzado la reputación de Apple como una empresa comprometida con la protección de sus usuarios. Como resultado, la empresa ha mantenido la lealtad de sus clientes y ha destacado en una industria donde la confianza es fundamental.

El Éxito que Trasciende lo Material: Dejar un Legado de Honor

El verdadero éxito empresarial no se mide únicamente por los ingresos, el valor de las acciones o la expansión del mercado. Si bien estos son indicadores importantes del rendimiento financiero, hay algo mucho más significativo que las empresas y los líderes pueden lograr: un legado de honor. Un legado que trascienda lo material, que impacte a las futuras generaciones, que inspire a otros a actuar con integridad y responsabilidad, y que refleje un compromiso con los valores éticos que van más allá del beneficio inmediato.

Dejar un legado de honor comienza con la comprensión de que las empresas no son solo entidades dedicadas a la generación de ganancias, sino que también tienen una responsabilidad hacia la sociedad, los empleados y las futuras generaciones. Los líderes que comprenden este concepto entienden que sus decisiones no solo afectan el presente, sino que también pueden moldear el futuro de la industria y de la sociedad en su conjunto. Al actuar con honor y responsabilidad, estos líderes dejan un ejemplo a seguir, no solo para sus sucesores dentro de la organización, sino también para el mundo empresarial en general.

Un ejemplo poderoso de un legado de honor se puede encontrar en la vida de Mahatma Gandhi, aunque no fue un empresario en el sentido tradicional. Su liderazgo estuvo basado en principios éticos inquebrantables, y sus decisiones fueron guiadas por un profundo sentido de responsabilidad hacia su pueblo y su nación. Gandhi podría haber optado por soluciones rápidas o violentas para lograr la independencia de la India, pero en lugar de ello, eligió el camino más difícil: la no violencia y la verdad. Esta elección no solo condujo al éxito de su causa, sino que también dejó un legado de honor que continúa inspirando a líderes en todo el mundo. En el ámbito empresarial, los líderes que actúan con integridad, que priorizan el bienestar de los demás y que se mantienen fieles a sus principios, dejan un impacto similar en sus industrias y comunidades.

En el mundo de los negocios, un ejemplo notable es el de Patagonia, la empresa de ropa outdoor, que ha integrado la sostenibilidad y la responsabilidad social en el núcleo de su modelo de negocio. Patagonia ha sido pionera en la lucha contra el cambio climático y la preservación de los recursos naturales, no solo porque es lo correcto desde el punto de vista ético, sino también porque su liderazgo cree que es necesario dejar un mundo mejor para las generaciones futuras. La compañía ha tomado decisiones que van en contra de las tendencias tradicionales de maximización de ganancias, como reparar ropa vieja en lugar de vender nueva y donar una parte significativa de sus ganancias a causas medioambientales. Este enfoque ha dejado un legado de honor que no solo ha fortalecido la marca de Patagonia, sino que también ha inspirado a otras empresas a seguir un camino similar.

Otro ejemplo emblemático es el caso de Anita Roddick, fundadora de The Body Shop. Roddick creó una empresa basada en principios éticos que, en su momento, eran revolucionarios en la industria cosmética. Ella rechazó las pruebas en animales, promovió el comercio justo y puso en primer plano la responsabilidad social en cada aspecto de su negocio. Aunque podría haber optado por seguir los estándares convencionales de la industria para maximizar sus márgenes de beneficio, eligió actuar con honor y respeto hacia los animales, los trabajadores y el medio ambiente. Este enfoque no solo contribuyó al éxito comercial de The Body Shop, sino que también dejó un legado de honor que continúa inspirando a la industria cosmética y a los consumidores a optar por productos éticos y responsables.

Un legado de honor también puede reflejarse en cómo una empresa trata a sus empleados. Tomemos el ejemplo de Zappos, la famosa tienda de calzado en línea. Desde el principio,

Zappos ha sido conocida por su cultura corporativa única, que prioriza la felicidad y el bienestar de los empleados. En lugar de enfocarse únicamente en las ventas y los resultados financieros, la empresa ha invertido en crear un ambiente de trabajo que fomente la colaboración, la innovación y el crecimiento personal. Como resultado, Zappos ha logrado un éxito financiero significativo, pero más importante aún, ha dejado un legado de honor en términos de cómo una empresa puede equilibrar el éxito comercial con el bienestar humano.

Tomar decisiones éticas en situaciones difíciles no siempre es el camino más fácil, pero es el que deja un impacto duradero y significativo. Los líderes empresariales que actúan con integridad, que priorizan el honor sobre la ganancia a corto plazo, y que son responsables en sus acciones, crean no solo empresas exitosas, sino también legados que trascienden lo material. Estos legados no solo inspiran a las generaciones futuras, sino que también moldean la forma en que las empresas y las industrias operan en el futuro. Como los antiguos samuráis, los líderes modernos deben entender que el verdadero éxito no se mide solo por la riqueza o el poder, sino por el impacto positivo y duradero que dejan en el mundo.

CAPÍTULO 5: RESILIENCIA SAMURAI: SUPERANDO ADVERSIDADES Y MANTENIENDO EL ENFOQUE

La perseverancia ante la adversidad: lecciones de los guerreros

En el mundo de los guerreros samuráis, la adversidad era una constante. Estos valientes combatientes del Japón feudal no solo se enfrentaban a desafíos físicos en el campo de batalla, sino que también luchaban contra los embates emocionales y mentales que conllevaban los momentos de incertidumbre, pérdida y fracaso. De ellos, podemos extraer valiosas lecciones de resiliencia y fortaleza mental que son tan aplicables hoy en día en el ámbito empresarial como lo eran en sus tiempos de guerra.

La resiliencia, en su esencia, es la capacidad de recuperarse rápidamente de las dificultades. Para los samuráis, la adversidad no era algo a temer, sino a enfrentar con valentía y estrategia. Esta mentalidad es crucial para el éxito en cualquier ámbito, especialmente en los negocios, donde la incertidumbre, los cambios abruptos y los reveses inesperados son la norma.

Lección 1: Aceptar la impermanencia

Uno de los principios fundamentales en la filosofía samurái es la aceptación de la impermanencia. El concepto de "Mujō", que significa "todo es transitorio", refleja la comprensión de que nada en la vida es permanente, ni el éxito ni el fracaso. Para un líder empresarial moderno, esto implica que los retos y obstáculos, por grandes que sean, no durarán para siempre. Al aceptar esta realidad, se cultiva una mentalidad que permite adaptarse a los cambios, en lugar de resistirlos o temerles.

La capacidad de los samuráis de mantenerse centrados en medio del caos era una de sus mayores fortalezas. Sabían que cualquier batalla podía dar un giro inesperado en cuestión de segundos, y su entrenamiento les preparaba para responder con calma y decisión. En el mundo empresarial, esta actitud se traduce en la capacidad de mantener la compostura cuando las circunstancias cambian, y tomar decisiones calculadas en lugar de reaccionar impulsivamente.

Lección 2: La perseverancia como estilo de vida

La vida del samurái estaba marcada por el concepto de "Ganbatte", una palabra japonesa que se traduce como "haz tu mejor esfuerzo" o "no te rindas". Esta simple frase encapsula una filosofía de vida que los samuráis adoptaban para enfrentarse a cualquier desafío. No importa cuán difícil fuera la situación, el guerrero debía perseverar y dar lo mejor de sí mismo, no solo en los momentos cruciales, sino de manera constante en el día a día.

Para los líderes empresariales, la perseverancia es uno de los rasgos más importantes que pueden desarrollar. Los obstáculos en los negocios son inevitables, desde las fluctuaciones del mercado hasta los problemas internos de las organizaciones. Sin embargo, aquellos que siguen adelante, que encuentran soluciones a los problemas en lugar de rendirse ante ellos, son los que finalmente alcanzan el éxito. La perseverancia no es simplemente continuar; es hacerlo con propósito, aprendiendo de los fracasos y ajustando la estrategia, en lugar de insistir en caminos que no llevan a ningún lado.

Lección 3: Mantener la calma en medio de la tormenta

Una de las imágenes más emblemáticas del samurái es su habilidad para mantener una mente serena incluso en las situaciones más tensas. Este concepto está profundamente arraigado en la práctica del "Zanshin", que significa "mente en reposo". Zanshin es el estado mental de total atención y alerta, una conciencia plena del entorno y de uno mismo, que permite reaccionar con rapidez y efectividad sin dejarse llevar por el miedo o el pánico.

En el mundo moderno, los líderes que son capaces de practicar Zanshin en sus roles empresariales pueden manejar mejor las crisis y tomar decisiones más sabias. No se dejan abrumar por la presión del momento, sino que actúan con deliberación y claridad. La serenidad en medio de la tormenta es lo que permite a un líder mantenerse enfocado en sus objetivos a largo plazo, sin desviarse por distracciones momentáneas o dificultades temporales.

Lección 4: La adaptabilidad como clave para la supervivencia

El código del samurái, conocido como Bushido, enfatizaba la disciplina, el honor y la lealtad, pero también la capacidad de adaptarse. En los campos de batalla, aquellos que se aferraban rígidamente a una única estrategia sin considerar el cambio de circunstancias a menudo no sobrevivían. Los guerreros más hábiles eran aquellos que podían ajustar su enfoque y adoptar nuevas tácticas sobre la marcha, aprovechando las oportunidades que surgían en medio del conflicto.

En el contexto empresarial, la adaptabilidad es fundamental para el éxito. Los mercados cambian, las tecnologías evolucionan y los consumidores modifican sus preferencias. Los líderes que se adhieren ciegamente a un plan sin considerar las señales del entorno corren el riesgo de quedarse obsoletos. Al igual que los samuráis, un líder debe estar preparado para ajustar su estrategia, siempre manteniendo su visión clara, pero siendo flexible en la ejecución.

Lección 5: El papel del propósito en la superación de adversidades

Una de las mayores fuentes de resiliencia para los samuráis era su sentido de propósito. No peleaban por sí mismos, sino por un ideal más grande: su lealtad a su señor, su familia y su país. Este sentido del deber les daba la fortaleza para superar el miedo, el dolor y las dificultades, porque sabían que sus acciones tenían un significado que trascendía sus propias vidas.

En el mundo empresarial, los líderes que tienen un propósito claro y definido son capaces de superar los momentos más difíciles con una determinación inquebrantable. Cuando un líder sabe por qué está luchando y lo que está tratando de lograr, puede encontrar la motivación para seguir adelante, incluso cuando las cosas parecen imposibles. Este sentido de propósito también inspira a otros, creando un equipo más unido y enfocado en alcanzar los objetivos comunes.

Lección 6: El equilibrio entre mente, cuerpo y espíritu

Finalmente, los samuráis entendían que la resiliencia no se trataba solo de fuerza física o habilidad táctica. Para ellos, la verdadera fortaleza venía de un equilibrio entre el cuerpo, la mente y el espíritu. Practicaban artes marciales no solo para desarrollar destrezas físicas, sino para fortalecer su mente a través de la concentración, la disciplina y la meditación. También cultivaban el espíritu a través de la reflexión filosófica y el estudio de las enseñanzas budistas y confucianas.

Para los líderes empresariales, el equilibrio entre mente, cuerpo y espíritu sigue siendo crucial. El estrés de los negocios puede ser debilitante si no se maneja adecuadamente. La capacidad de tomar decisiones correctas requiere claridad mental, que solo puede lograrse con un enfoque equilibrado en la salud física, mental y emocional. El líder que cuida de su bienestar integral es más resistente, más creativo y más capaz de enfrentar las adversidades con una actitud positiva y proactiva.

Claro, a partir de tu solicitud, voy a desarrollar un texto extenso de aproximadamente 2000 palabras sobre el tema de "Mantener el equilibrio en tiempos de crisis" y "Adaptación y flexibilidad: el samurái moderno ante el cambio". Esto estará vinculado con la filosofía samurái y cómo estas enseñanzas pueden aplicarse en el contexto actual, especialmente en el mundo empresarial. Aquí te dejo el contenido:

Mantener el equilibrio en tiempos de crisis

En el camino del liderazgo y el éxito empresarial, las crisis no son una excepción, sino una certeza. Todo líder, en algún momento, enfrentará situaciones inesperadas que desafiarán su capacidad para mantener el control y guiar a su equipo hacia la estabilidad. En estos momentos, la resiliencia y el equilibrio mental se convierten en habilidades esenciales para superar las dificultades y emerger fortalecido.

La historia de los samuráis, aquellos antiguos guerreros japoneses, nos ofrece un marco incomparable para entender cómo mantener la calma y el equilibrio en tiempos de crisis. Aunque vivieron en una época muy diferente a la nuestra, sus enseñanzas sobre el autocontrol, la serenidad y la capacidad de tomar decisiones firmes bajo presión tienen una relevancia crucial en el mundo empresarial moderno. A través del código del Bushido, los samuráis aprendieron a afrontar los desafíos con una mentalidad fuerte y disciplinada. Este código sigue siendo una fuente de inspiración para los líderes que buscan no solo sobrevivir en tiempos de crisis, sino prosperar.

La importancia de la calma en medio del caos

Una de las principales lecciones de los samuráis es la importancia de mantener la calma, incluso en medio del caos. Para ellos, la serenidad era un estado de preparación y enfoque que les permitía actuar con precisión, sin ser arrastrados por el miedo o la ansiedad. Esta habilidad no solo era crucial en el campo de batalla, donde una decisión errónea podía significar la muerte, sino también en sus vidas cotidianas.

En tiempos de crisis, los líderes empresariales a menudo se ven tentados a reaccionar impulsivamente. La incertidumbre genera miedo, y el miedo puede llevar a decisiones precipitadas que empeoran la situación. Aquí es donde la lección samurái cobra relevancia: la calma es el primer paso para tomar el control. Cuando un líder es capaz de mantener la serenidad, puede evaluar la situación desde una perspectiva más objetiva, identificar los problemas reales y encontrar soluciones más efectivas.

Un ejemplo de esto lo vemos en el mundo empresarial moderno cuando empresas enfrentan una crisis financiera o un colapso en su mercado. En lugar de reaccionar de manera impulsiva, los líderes más efectivos son aquellos que toman un momento para analizar cuidadosamente la situación. Este espacio de reflexión les permite crear un plan de acción estratégico que puede incluir la renegociación de contratos, la reestructuración de deudas o la diversificación de productos para adaptarse a la nueva realidad del mercado.

El equilibrio mental como herramienta para la toma de decisiones

El equilibrio mental es otro aspecto fundamental que los samuráis cultivaban constantemente. En medio de la batalla, sabían que las emociones como el pánico o la desesperación podían nublar el juicio y llevar a errores fatales. Para mantener el equilibrio emocional, practicaban diversas disciplinas como la meditación y el Zen, que les permitían entrenar su mente para permanecer presente y concentrada en el momento actual.

En el ámbito empresarial, este principio es igualmente válido. Las crisis a menudo generan un exceso de estrés y presión, lo que puede llevar a una toma de decisiones precipitada o irracional. Los líderes que logran mantenerse equilibrados mentalmente en estos momentos críticos pueden sopesar mejor sus opciones, analizar los riesgos y tomar decisiones más acertadas.

Por ejemplo, durante la pandemia de COVID-19, muchas empresas se vieron obligadas a enfrentar decisiones difíciles sobre despidos, cierres temporales o incluso cambios radicales en sus modelos de negocio. Aquellos líderes que lograron mantener la calma y el equilibrio mental pudieron reaccionar de manera proactiva, implementando soluciones como la migración al comercio electrónico, la creación de nuevos productos adaptados a las necesidades emergentes o la implementación de trabajo remoto para mantener la productividad.

El equilibrio mental, en esencia, es una habilidad que se cultiva con el tiempo y que requiere práctica constante. No se trata de evitar el estrés o la ansiedad, sino de aprender a manejarlos de manera efectiva, evitando que nublen nuestro juicio en los momentos cruciales.

Adaptación y flexibilidad: el samurái moderno ante el cambio

Si bien el samurái del pasado vivía en un mundo regido por la guerra y la jerarquía, su capacidad de adaptación y flexibilidad ante los desafíos es una característica que resuena con fuerza en el contexto empresarial actual. Los cambios constantes en el mercado global, los avances tecnológicos y las crisis imprevistas exigen que los líderes modernos no solo reaccionen rápidamente, sino que también se adapten con agilidad.

El concepto de flexibilidad, desde una perspectiva samurái, puede parecer contradictorio. Después de todo, los samuráis son vistos comúnmente como guerreros de principios rígidos y honorables. Sin embargo, esa misma rigidez en el código del Bushido iba acompañada de una notable capacidad de adaptación cuando las circunstancias lo requerían. Un buen samurái era capaz de cambiar su enfoque táctico en el campo de batalla si lo necesitaba, sin comprometer su objetivo final.

La flexibilidad como ventaja competitiva

En el entorno actual, la flexibilidad es una ventaja competitiva. Las empresas que son capaces de adaptarse rápidamente a las condiciones cambiantes del mercado son las que más probabilidades tienen de sobrevivir y prosperar. Esto se puede observar en empresas tecnológicas que, en lugar de resistirse a los cambios en la demanda del consumidor, pivotan y se reinventan constantemente. Google, por ejemplo, ha sido un maestro en la adaptación, evolucionando desde un simple motor de búsqueda hasta convertirse en una empresa global que abarca publicidad, hardware, inteligencia artificial y más.

Del mismo modo, en tiempos de crisis, la flexibilidad es esencial para que los líderes empresariales se adapten a la nueva realidad. Un buen ejemplo de esto es la industria automotriz durante la crisis financiera de 2008. Empresas como General Motors y Ford se vieron obligadas a reestructurar por completo sus operaciones, reducir costes y enfocarse en modelos más sostenibles para salir adelante. Aquellos que se resistieron al cambio no lograron sobrevivir, mientras que los más adaptables encontraron nuevas oportunidades.

Adaptación como proceso continuo

La adaptación no es un evento único, sino un proceso continuo. Para los samuráis, esta capacidad de adaptarse a las circunstancias era un proceso diario que abarcaba tanto la preparación física como la mental. Un guerrero samurái estaba en constante entrenamiento, mejorando sus habilidades y preparándose para cualquier eventualidad. De la misma manera, los líderes empresariales deben entender que la adaptación no es algo que ocurre solo durante una crisis. En cambio, es una habilidad que deben cultivar continuamente, aprendiendo y ajustando su enfoque a medida que surgen nuevos desafíos y oportunidades.

Esto se hace evidente en empresas que han adoptado modelos de negocio ágiles y flexibles, como Amazon, que constantemente experimenta y ajusta sus operaciones para mantenerse al día con las cambiantes demandas de los consumidores. Su capacidad para adaptarse a nuevas tecnologías y modelos de negocio ha sido clave para su éxito a largo plazo.

Un ejemplo interesante es cómo, durante la pandemia, Amazon no solo logró mantener su modelo de negocio en funcionamiento, sino que también lo expandió rápidamente para satisfacer la creciente demanda de productos esenciales y servicios de entrega. Esto fue posible gracias a su estructura flexible y su disposición para invertir en nuevas tecnologías y procesos logísticos que le permitieron mantenerse a la vanguardia de las necesidades del mercado.

El samurái moderno: abrazando el cambio como oportunidad

Si hay algo que los samuráis comprendían perfectamente, era la inevitabilidad del cambio. Vivían en un mundo en constante transformación, donde las lealtades políticas, los conflictos territoriales y las alianzas entre clanes cambiaban rápidamente. En lugar de resistirse al cambio, aprendieron a aceptarlo como parte de la vida y a adaptarse a él con astucia y determinación.

Para el líder moderno, este enfoque hacia el cambio es más importante que nunca. El mundo empresarial actual se mueve a un ritmo vertiginoso, con nuevas tecnologías, regulaciones y competidores emergiendo constantemente. Aquellos que ven el cambio como una amenaza a menudo quedan paralizados, mientras que los que lo abrazan como una oportunidad para innovar y mejorar son los que prosperan.

Un ejemplo relevante en este contexto es la industria de la música. Con la llegada de servicios de transmisión como Spotify, la industria musical tuvo que adaptarse rápidamente a un modelo de negocio completamente nuevo. Las compañías discográficas que abrazaron el cambio y adoptaron modelos de distribución digital pudieron seguir siendo relevantes, mientras que aquellas que se aferraron al viejo modelo de ventas físicas vieron cómo su influencia disminuía drásticamente.

Los samuráis modernos, es decir, los líderes empresariales de hoy, deben adoptar esta mentalidad. En lugar de ver los cambios en el mercado o las crisis como obstáculos insuperables, deben ser capaces de ver más allá de la dificultad y encontrar la oportunidad que se esconde en cada transformación.

Preparación para el futuro a través de la flexibilidad

La preparación para el futuro no consiste en prever cada crisis o cada cambio, sino en desarrollar la capacidad de adaptarse rápidamente cuando estos se presenten. La flexibilidad es, por tanto, una herramienta esencial para la supervivencia a largo plazo. Los líderes empresariales que están dispuestos a desafiar el status quo, aprender de sus errores y ajustar su rumbo según las circunstancias, están mejor preparados para enfrentar el futuro incierto.

Uno de los legados más importantes de los samuráis es su capacidad para equilibrar la tradición con la innovación. Aunque eran guerreros fuertemente anclados en sus principios, también sabían cuándo era necesario adaptarse para sobrevivir y prosperar. Los líderes empresariales deben emular esta cualidad, construyendo sobre las bases de sus conocimientos y experiencias, pero siempre abiertos a nuevas ideas y enfoques que les permitan mantenerse a la vanguardia.

La capacidad de mantener el equilibrio en tiempos de crisis y la adaptación flexible ante el cambio son dos de las lecciones más poderosas que podemos extraer del legado samurái para aplicarlas al liderazgo empresarial moderno. El líder que aprende a manejar la adversidad con calma, que se adapta continuamente a los cambios y que ve cada desafío como una oportunidad para crecer, estará no solo preparado para enfrentar las crisis del presente, sino también para construir un futuro más sólido y resiliente.

APÉNDICES

Apéndice A: Ejercicios Prácticos para Aplicar el Bushido en el Liderazgo Diario

El Bushido, el código de honor de los samuráis, no es simplemente una serie de reglas rígidas ni un conjunto de principios obsoletos. Es una filosofía de vida que, cuando se aplica de manera consciente, puede transformar la forma en que dirigimos y nos relacionamos con los demás en el ámbito profesional. En este apéndice, se presentan ejercicios prácticos que te ayudarán a integrar los valores del Bushido en tu día a día como líder. La intención es que no solo sepas qué significa ser un líder inspirado en el samurái, sino que lo vivas en cada decisión, en cada interacción, en cada reto.

Ejercicio 1: Reflexión diaria sobre la justicia (Gi)

El principio de Gi se refiere a la justicia, a actuar de manera correcta y honesta en todas las situaciones. Como líder, esto implica tomar decisiones justas, incluso cuando sean difíciles o impopulares. Para aplicar este principio, al final de cada día laboral, reflexiona sobre las decisiones que tomaste. Pregúntate:

- ¿Fui justo en mis decisiones?

- ¿Actué con imparcialidad o dejé que mis emociones influyeran?

- ¿Tuve en cuenta el bienestar de todos los involucrados, no solo el mío?

Escribe tus reflexiones en un diario, lo que te ayudará a identificar patrones en tu comportamiento y mejorar en futuras situaciones. Este ejercicio te conecta con la equidad, un valor esencial para ganar la confianza y el respeto de tu equipo.

Ejercicio 2: Meditación para la valentía (Yuu)

El segundo principio del Bushido es la valentía. Sin valentía, la justicia no se puede llevar a cabo. En el liderazgo, la valentía no siempre significa correr riesgos extremos, sino enfrentar los desafíos cotidianos con determinación, manteniendo la integridad personal frente a la adversidad.

Cada mañana, antes de empezar el día, dedica cinco minutos a una breve meditación sobre la valentía. Cierra los ojos, respira profundamente, y visualiza las posibles situaciones difíciles que podrías enfrentar. Luego, imagina cómo las enfrentarías con coraje y calma. Esta visualización te ayudará a prepararte mentalmente y a actuar con valor, incluso cuando las circunstancias te pongan a prueba.

Ejercicio 3: Comunicación consciente para practicar la benevolencia (Jin)

La benevolencia, o Jin, es la compasión hacia los demás. En el liderazgo moderno, esto significa comprender las necesidades de tu equipo, mostrar empatía y actuar en beneficio del grupo. Un líder benevolente es alguien que escucha con atención, que actúa en apoyo de los demás y que no toma decisiones únicamente pensando en sus propios intereses.

Para practicar Jin, toma un tiempo en cada reunión o interacción con tu equipo para escuchar activamente. Esto significa concentrarte completamente en lo que la otra persona está diciendo, sin interrupciones ni distracciones. Haz preguntas que demuestren tu interés genuino y asegúrate de que la otra persona se sienta escuchada y comprendida. Este simple ejercicio refuerza el principio de benevolencia y fomenta un ambiente de confianza y colaboración.

Ejercicio 4: Mantener la cortesía en situaciones de estrés (Rei)

La cortesía es otro de los pilares del Bushido. En el ámbito profesional, la cortesía no es solo una formalidad superficial, sino una muestra de respeto hacia los demás, independientemente de las circunstancias. Mantener la cortesía en situaciones de estrés es crucial para mantener la cohesión y el respeto dentro del equipo.

Para poner en práctica este principio, la próxima vez que te enfrentes a una situación tensa o desafiante, concéntrate en mantener la calma y la cortesía. Practica la respiración profunda antes de responder, especialmente si sientes que la situación te está sobrecargando emocionalmente. Responde siempre de manera educada y profesional, incluso cuando las emociones sean intensas. Este enfoque refuerza la cultura del respeto y fomenta un entorno de trabajo armonioso.

Ejercicio 5: Honrar la integridad en la toma de decisiones (Makoto)

La sinceridad o integridad es la piedra angular del liderazgo samurái. Un líder íntegro es fiel a su palabra, actúa de manera honesta y no teme admitir cuando ha cometido un error. Esto genera una base sólida de confianza con los colaboradores y establece un estándar moral elevado dentro de la organización.

Un ejercicio práctico para cultivar la integridad es ser consciente de tus compromisos y de cómo los manejas. Haz una lista de las promesas y compromisos que has hecho, tanto grandes como pequeños, y revísalos periódicamente. Pregúntate si has cumplido con cada uno de ellos de manera íntegra. Si descubres que has fallado en alguno, no dudes en tomar acciones correctivas, ya sea cumplir el compromiso o disculparte por no haberlo hecho. Este ejercicio fomenta una cultura de responsabilidad y transparencia dentro del equipo.

Ejercicio 6: Planificación estratégica basada en el honor (Meiyo)

El principio de Meiyo o honor es fundamental para un liderazgo samurái. Significa mantener una reputación de honestidad y respeto, no solo por las acciones que tomas, sino también por la forma en que vives tus valores.

Para integrar el honor en tu liderazgo, revisa cómo se alinean tus planes estratégicos con los valores fundamentales de tu organización. Cada vez que diseñes una estrategia o tomes una decisión importante, pregúntate: ¿Esta decisión refleja los valores por los que quiero que me conozcan?. Este ejercicio no solo refuerza el sentido del honor personal, sino que también asegura que tus acciones como líder sean un reflejo auténtico de tus principios y de los de tu organización.

Ejercicio 7: Cultivar el autocontrol mediante la autodisciplina (Chuu)

La autodisciplina o Chuu es vital en el Bushido, y un líder que lo domina inspira confianza en su equipo. Un líder disciplinado es constante, predecible en su comportamiento y capaz de manejar sus emociones en las situaciones más desafiantes.

Para trabajar en tu autodisciplina, establece rutinas diarias que fortalezcan tu autocontrol. Por ejemplo, organiza tu día de manera eficiente, establece objetivos claros y cumple con ellos. Además, lleva un registro de tus emociones en situaciones de estrés. ¿Cómo reaccionas cuando las cosas no salen como esperabas? ¿Pierdes el control o mantienes la compostura? Reflexiona sobre estas reacciones y trabaja para mejorar tu autocontrol, lo cual influirá positivamente en tu equipo.

Apéndice B: Lecturas Recomendadas y Recursos para el Desarrollo Continuo del Líder Samurai

El liderazgo samurái es un viaje continuo de aprendizaje y desarrollo personal. Para profundizar en los principios del Bushido y seguir cultivando tu crecimiento como líder, te presentamos una lista de lecturas y recursos adicionales que te ayudarán a mantenerte en el camino del liderazgo samurái.

1. "El libro de los cinco anillos" de Miyamoto Musashi

Este clásico escrito por el famoso espadachín samurái es una guía no solo sobre la estrategia en el combate, sino también sobre el enfoque estratégico en la vida y los negocios. Musashi explora conceptos como la adaptabilidad, la mentalidad estratégica y el control emocional, todos ellos esenciales para cualquier líder que busque dominar el arte del liderazgo.

2. "Hagakure: El camino del samurái" de Yamamoto Tsunetomo

Una de las obras más influyentes sobre el Bushido, "Hagakure" es una colección de reflexiones sobre la vida y el código samurái. Tsunetomo enfatiza la importancia de la muerte como una metáfora para vivir sin miedo y actuar con resolución. Esta obra es fundamental para entender la esencia del compromiso y la lealtad en el liderazgo.

3. "Bushido: El alma de Japón" de Inazo Nitobe

Este libro es una introducción accesible al código del Bushido y su impacto en la cultura japonesa. Nitobe ofrece una perspectiva clara y comprensible de los principios que rigen la vida de un samurái, muchos de los cuales son aplicables en el liderazgo moderno. La obra es ideal para quienes buscan comprender cómo la ética samurái puede integrarse en el liderazgo empresarial.

4. "El arte de la guerra" de Sun Tzu

Aunque no está directamente relacionado con el Bushido, "El arte de la guerra" de Sun Tzu es un tratado estratégico que ha influido en generaciones de líderes. Sus principios de planificación, adaptabilidad y comprensión del entorno son esenciales para cualquier líder que busque tomar decisiones acertadas en situaciones complejas.

5. "La mente del samurái: El Bushido como filosofía de vida" de Alexander Bennett

Este libro ofrece una visión moderna del Bushido, conectando los principios tradicionales con los desafíos del mundo contemporáneo. Bennett, un experto en artes marciales y cultura japonesa, explora cómo los líderes pueden aplicar los valores samuráis a sus vidas profesionales y personales, proporcionando herramientas prácticas para el desarrollo del carácter.

6. Artículos sobre liderazgo samurái y cultura empresarial

- "El Bushido en el liderazgo moderno" (Harvard Business Review): Este artículo explora cómo los principios del Bushido pueden influir positivamente en el liderazgo corporativo, destacando ejemplos de líderes empresariales que han incorporado estos valores en sus estilos de liderazgo.

- "Lecciones del liderazgo samurái para tiempos de crisis" (Forbes): Una lectura esencial para entender cómo los valores del samurái, como el coraje y la resiliencia, pueden ayudar a los líderes a navegar en tiempos difíciles y de incertidumbre.

7. Cursos y talleres sobre liderazgo y artes marciales

- Curso en línea: "Liderazgo samurái: Principios del Bushido para el éxito empresarial": Este curso ofrece una introducción práctica a los principios del Bushido y cómo aplicarlos en un entorno corporativo. A través de casos de estudio y ejercicios prácticos, aprenderás a liderar con integridad, disciplina y honor.

- Seminarios de artes marciales y liderazgo: Muchas escuelas de artes marciales tradicionales ofrecen talleres específicos sobre cómo las enseñanzas de las artes marciales pueden aplicarse al liderazgo. Estos seminarios no solo mejoran tu habilidad física, sino también tu capacidad para mantener la calma, la concentración y la disciplina en situaciones de presión.

8. Audiolibros y podcasts

- "El liderazgo samurái en la era digital" (Podcast): Este podcast explora cómo los líderes modernos pueden aplicar las enseñanzas ancestrales del Bushido para enfrentar los retos del mundo digital y tecnológico actual.

- Audiolibro: "Bushido: La senda del guerrero": Disponible en plataformas de audiolibros, esta obra clásica narra las enseñanzas del Bushido, ofreciendo una forma accesible y dinámica de incorporar los valores samuráis en tu vida diaria.

Apéndice C: Historias Inspiradoras de Líderes que Adoptaron el Camino del Samurai

El liderazgo inspirado en el Bushido, el código de los samuráis, no es solo un concepto filosófico antiguo, sino una fuente atemporal de sabiduría aplicable en el mundo moderno. Muchos líderes empresariales han encontrado en los principios del Bushido un marco sólido para guiar sus decisiones, inspirar a sus equipos y enfrentar los desafíos con integridad, coraje y disciplina. A continuación, exploraremos historias de líderes que han adoptado el camino del samurái en su vida profesional, mostrando cómo estos valores ancestrales siguen siendo esenciales para el éxito empresarial.

1. Howard Schultz: La Benevolencia y la Justicia en Starbucks

Howard Schultz, ex CEO de Starbucks, es un claro ejemplo de un líder que ha practicado los principios de la benevolencia (Jin) y la justicia (Gi) en su liderazgo. Desde sus primeros días al mando de Starbucks, Schultz siempre tuvo claro que su visión no se trataba solo de vender café, sino de crear una empresa que valorara a sus empleados tanto como a sus clientes. En el mundo del Bushido, la benevolencia y la justicia son fundamentales, ya que el líder no solo debe ser justo con quienes lo rodean, sino también compasivo, demostrando empatía y comprensión hacia los demás.

Un ejemplo claro de cómo Schultz encarnó estos principios fue su decisión de ofrecer beneficios médicos completos a todos los empleados de Starbucks, incluidos aquellos que trabajaban a tiempo parcial. Esta decisión, tomada en un momento en que pocas empresas ofrecían tales beneficios, fue vista como un acto de profunda benevolencia y justicia. Schultz entendió que su éxito como líder dependía del bienestar de sus empleados y que, al cuidar de ellos, estaba fortaleciendo la cultura de la empresa. Este enfoque no solo mejoró la moral de los empleados, sino que también impulsó la lealtad y el compromiso, factores clave en el crecimiento exponencial de Starbucks.

La práctica de Jin en este caso se refleja en la empatía y el compromiso con el bienestar de los empleados, mientras que la justicia se manifiesta en la decisión de garantizar que todos los miembros de la organización reciban un trato equitativo. Schultz es un ejemplo perfecto de cómo el liderazgo basado en la compasión y la equidad puede generar resultados empresariales sobresalientes, a la vez que cultiva una cultura de respeto y apoyo mutuo.

2. Akio Morita: Honor y Resiliencia en Sony

Otro ejemplo notable de un líder que adoptó los principios del Bushido es Akio Morita, cofundador de Sony Corporation. El concepto de honor (Meiyo) era central en la forma en que Morita manejaba su vida y sus negocios. Para Morita, el honor no se trataba solo de proteger su reputación, sino de asegurarse de que cada decisión que tomara como líder estuviera alineada con sus valores fundamentales y el prestigio de la empresa que fundó.

Un episodio que destaca el sentido del honor de Morita fue cuando, en la década de 1970, Sony lanzó su grabadora de casetes Betamax, una tecnología que muchos consideraban superior al formato VHS. A pesar de su innovación, Betamax fracasó comercialmente frente a VHS debido a una mejor estrategia de marketing y alianzas más fuertes por parte de la competencia. Este fracaso habría sido devastador para muchas compañías, pero para Morita, era una cuestión de resiliencia y de seguir adelante sin perder su integridad.

Morita no permitió que el fracaso de Betamax empañara su sentido de honor ni el de su empresa. En lugar de concentrarse en la derrota, Morita dirigió a Sony hacia nuevas oportunidades, liderando la empresa a innovaciones como el Walkman, que revolucionó la industria del entretenimiento. Este ejemplo demuestra cómo un líder puede enfrentar el fracaso con dignidad y aprender de los errores sin comprometer sus principios. La historia de Morita también subraya la importancia del honor en el liderazgo empresarial, no como una obsesión con la imagen, sino como un compromiso con la integridad personal y corporativa.

El liderazgo de Akio Morita fue una demostración continua del principio de resiliencia, un valor implícito en el Bushido, donde el samurái nunca se deja vencer por las adversidades. Morita enfrentó los retos con honor y disciplina, y estos valores ayudaron a Sony a convertirse en un gigante mundial.

3. Indra Nooyi: El Coraje y la Responsabilidad en PepsiCo

La historia de Indra Nooyi, quien dirigió PepsiCo durante más de una década, es un testimonio poderoso del valor del coraje (Yuu) y la responsabilidad (Chuu) en el liderazgo empresarial. Nooyi no solo fue una de las pocas mujeres que alcanzaron la cima de una empresa multinacional en una industria dominada por hombres, sino que también lo hizo implementando cambios estratégicos audaces que transformaron a PepsiCo para siempre.

Cuando Nooyi asumió el liderazgo, PepsiCo estaba fuertemente asociada con bebidas azucaradas y comida rápida, productos que comenzaban a enfrentarse a una creciente presión por parte de los consumidores y los reguladores debido a las preocupaciones sobre la salud. Enfrentándose a la resistencia de los accionistas y a una industria que se resistía al cambio, Nooyi tomó decisiones valientes para reposicionar a PepsiCo como una empresa más saludable, ampliando su portafolio de productos y enfatizando las opciones nutricionales.

Este cambio de estrategia no fue fácil ni inmediato. Hubo críticas internas y externas, pero Nooyi se mantuvo firme, guiada por su visión de largo plazo y su sentido de responsabilidad hacia el futuro de la empresa. El coraje que mostró al desafiar el statu quo fue un claro reflejo del principio de Yuu del Bushido. No solo fue valiente en sus decisiones estratégicas, sino también en la forma en que asumió la responsabilidad por las consecuencias de esas decisiones, demostrando que un verdadero líder debe estar dispuesto a tomar riesgos calculados por el bien mayor.

Nooyi también encarnó el principio de Chuu, o responsabilidad, al reconocer que su liderazgo no solo afectaba a los accionistas, sino también a los empleados, clientes y comunidades. Su enfoque en la sostenibilidad y el bienestar de las personas demuestra que los principios del Bushido pueden ir de la mano con el liderazgo corporativo moderno, guiado por la responsabilidad social y la ética.

4. Kazuo Inamori: La Sinceridad y la Sabiduría en Kyocera

Kazuo Inamori, fundador de Kyocera y uno de los empresarios más respetados de Japón, es otro ejemplo extraordinario de un líder que ha vivido de acuerdo con los principios del Bushido. Inamori basó su éxito no solo en su habilidad empresarial, sino en un enfoque ético y filosófico que se centra en la sinceridad (Makoto) y la sabiduría (Chi).

Inamori creía firmemente que el éxito de cualquier empresa debía construirse sobre una base de integridad y sinceridad. Desde el inicio de Kyocera, adoptó una filosofía que ponía a las personas en el centro de todas las decisiones. En lugar de concentrarse exclusivamente en las ganancias, Inamori promovió una cultura de trabajo en la que el bienestar de los empleados y el respeto mutuo eran prioritarios. Este enfoque se refleja en su famoso principio: "Las personas son la base de todo". A través de este valor, Kyocera desarrolló un ambiente de trabajo que fomentaba la lealtad, el compromiso y la innovación.

Un ejemplo de su aplicación del principio de sinceridad se observa en su manejo de la empresa cuando asumió el liderazgo de Japan Airlines (JAL) después de que esta se declarara en quiebra en 2010. Sin experiencia en la industria aérea, Inamori aceptó el desafío con el único objetivo de salvar a la empresa por el bien de sus empleados y el país. Durante su tiempo como CEO de JAL, Inamori practicó la sinceridad al tratar con transparencia a sus empleados y al implementar un plan de reestructuración que fue difícil, pero que terminó salvando a la compañía y devolviéndola a la rentabilidad. Esto lo convirtió en un héroe para los trabajadores de JAL, y su enfoque basado en la sabiduría y la sinceridad es un testimonio de cómo los valores del Bushido pueden impactar profundamente en el liderazgo empresarial.

Inamori es un ejemplo claro de cómo un líder puede construir y dirigir una empresa próspera basándose en principios éticos sólidos, demostrando que la integridad no solo es compatible con el éxito empresarial, sino que es un ingrediente esencial para lograrlo de manera sostenible.

5. Satya Nadella: El Liderazgo Humilde y la Transformación en Microsoft

Satya Nadella, CEO de Microsoft, es un líder que ha transformado la cultura de una de las mayores empresas tecnológicas del mundo adoptando un enfoque basado en la humildad y el autocontrol (Seigi). Cuando Nadella asumió el liderazgo en 2014, Microsoft estaba pasando por un período de estancamiento, caracterizado por la rigidez y la competencia interna que había afectado la innovación. Para transformar la empresa, Nadella no solo implementó cambios estratégicos, sino que también introdujo una nueva filosofía de liderazgo basada en la empatía, la humildad y el autocontrol.

Bajo su liderazgo, Nadella promovió una cultura de

"mentalidad de crecimiento", donde el aprendizaje continuo y la mejora personal son prioritarios. Este enfoque refleja el principio samurái de autocontrol, donde el líder no se deja dominar por el ego o la arrogancia, sino que se centra en su propio desarrollo y el de su equipo. Al fomentar la colaboración en lugar de la competencia interna, Nadella transformó a Microsoft en una empresa más ágil y adaptativa, capaz de enfrentar los desafíos del futuro.

Un claro ejemplo de su humildad se vio en su enfoque hacia el liderazgo inclusivo, en el que trabajó para integrar mejor las diversas voces dentro de la empresa. Nadella cree que el éxito de Microsoft no depende solo de sus productos, sino de su gente, y que un líder debe estar siempre al servicio de los demás, escuchando y aprendiendo constantemente. Esta mentalidad, profundamente conectada con los valores del Bushido, ha sido clave para el éxito de la empresa en su nueva era.

Estas historias de líderes que han adoptado los principios del Bushido demuestran que los valores ancestrales de los samuráis siguen siendo una guía poderosa para el liderazgo en el mundo contemporáneo. Cada uno de estos líderes ha mostrado, a su manera, cómo los principios del honor, la valentía, la integridad, la compasión y el autocontrol pueden no solo inspirar a los equipos, sino también llevar al éxito empresarial en un mundo complejo y cambiante. El camino del samurái, lejos de ser un vestigio del pasado, es una fuente inagotable de sabiduría para el líder moderno.

FIN

www.ingramcontent.com/pod-product-compliance
Lightning Source LLC
Chambersburg PA
CBHW070413230526
45471CB00006B/2787